学校全体で挑む

「誰ひとり」取り残されない学校づくり

すべての子供のウェルビーイングを目指す

著 戸田市立喜沢小学校

編著 野口晃菜
前川圭一郎
藤本恵美

明治図書

はじめに

喜沢小実践の背景にある理論
―インクルーシブ教育と多層型支援システム

野口晃菜

喜沢小学校との出会い

喜沢小学校との出会いは2020年。指導主事の藤本さん経由で「子供の問題行動を減らすために、助言がほしい」と連絡があり、私は「子供の問題行動に着目する前に、学校そのものの在り方を再検討しませんか。スクールワイドポジティブ行動支援（以下、スクールワイドPBS、詳しくは第1章参照）の導入が良いかもしれません」と回答をしました。おそらく期待されていた回答とは異なる回答だったと思いますが、校長先生は「詳しく知りたい」とのこと。スクールワイドPBSの紹介をし、喜沢小での導入が始まりました。

導入から2年が経った時、「スクールワイドPBS導入後、子供たちは楽しく過ごしている。先生たちは『問題行動の原因は子供にある』と思わなくなり、子供への接し方や学校文化も変わってきた。けれど、子供の授業の理解度は依然低い。何か手立てはないか」

と連絡があった時には、「Response To Intervention（以下、RTI）があります」とまたカタカナ語を伝えました（RTIについては第3章参照）。

いずれも私はエッセンスのみ伝え、その後は先生方が主体となり、どんどんブラッシュアップされ、喜沢型の教育システムが日々更新されていきました。**本書は喜沢小学校が子供と教員のウェルビーイングのために実践してきたたゆまない試行錯誤のプロセスをまとめたものです。**もちろん今が完成形ではなく、先生方は今も更新をし続けています。

まず、喜沢小実践の背景にあるインクルーシブ教育と多層型支援システムについて解説をします。

インクルーシブ教育とは

私はインクルーシブ教育の専門家です。インクルーシブ教育は「障害のない子供と障害のある子供が同じ場で教育を受けること」と解釈されることが多いですが、それだけではなく、**多様な子供がいることを前提として教育の在り方そのものを改革し続けるプロセスそのものです。**学校には、障害や病気のある子供、性的マイノリティーの子供、外国にルーツのある子供、家族と同居していない子供など…多様な子供がいるにもかかわらず、今の学校はマジョリティに偏ったつくりになっています。例えば、男・女どちらかに当てはまることが前提になっていたり、口頭のみでの指示を聞くことが前提になっていたり。**インクルーシブ教育においては、子供たちの多様性に合わせて、学校の在り方そのものを変革します。**喜沢小学校での実践は、「子供の多様性に合わせて学校の枠組みや自分たちの接し方を変える」ということを徹底しています。本書における喜沢小学校の試行錯誤は、日本におけるインクルーシブ教育を推進する上でのヒントを提供してくれます。

多層型支援システムとは

喜沢小学校は、「すべての児童が『学校生活が楽しい』『学びが楽しい』と言える学校」を目指し、スクールワイドPBSやRTIを活用して学校改革をしてきました。スクールワイドPBSとRTIは、統合して「多層型支援システム」と呼び、現在欧米を中心とした多くの国で導入されています。多層型支援システムでは、子供たちを「支援が必要な子供」「支援が不要な子供」と最初から判別して、要支援の子供のみに支援をするのではなく、通常の学級においてすべての子供に対し、多様な子供がいることを前提とした授業づくりや学級づくりをします（第一層支援）。第一層支援のみでは十分ではない子供に支援を徐々に付け足していき（第二層支援、第三層支援）、その支援が子供にとって有効だったかどうかを評価し改善をする仕組みです。**子供の「できる」「できない」は子供個人が要因ではなく、環境（指導や支援の仕方）とのかけ合わせであるという前提に立ち、子供が何か「できない」時は指導や支援の仕方が違う、もしくは合っていない、と判断をし、教員のアプローチ方法を変えます。**第一層支援の在り方を見直す時、そして第二層、第三層支援として特定の子供に対して支援を付け足す場合、教員は1人ではなく、必ずチームで意思決定をします。喜沢小学校は初めにスクールワイドPBSを導入し、その後にRTIを導入することで、現在はこれらを統合した喜沢版の多層型支援システムを構築しています。

インクルーシブ教育を実践するためには、ただ理念を掲げるのみでなく具体的な方法が必要です。喜沢小学校のやり方は1つの形です。ぜひこれをヒントに皆さまの学校においてもその学校なりの形でのインクルーシブ教育を実践してみてください。

戸田市教育委員会が目指す「特別でない、特別支援教育」

藤本恵美

舞台となる埼玉県戸田市の概要

戸田市は東京都に隣接する埼玉県の南部にあります。埼京線が通っており、池袋や新宿に一本で行けることから子育て世帯が増加しています。

小学校が12校、中学校が6校あります。教育分野においては、「経験・勘・気合い」の教育から脱却すべく、産官学と連携し、専門的・科学的なリソースを積極的に活用していることが特徴です。

喜沢小学校の「誰ひとり取り残されない」学校づくり

戸田市教育委員会では、第4次戸田市教育振興計画に「多様性を尊重し、全ての子供たちが力を発揮できるような誰一人取り残さない学びの保障」を方針として掲げています。あわせて、「戸田市特別支援教育推進計画」の中で、「特別でない、特別支援教育の実現」

を掲げています。これらの計画においては、障害の有無など特定のマイノリティーを対象とした支援のみを指すのではなく、そもそも全体を支援の対象として、多様なニーズに丁寧に対応していくことを指しています。

「戸田市特別支援教育推進計画」には、後述されるＰＢＳやＲＴＩについて明文化されています。喜沢小学校の取り組みは特別支援教育を推進しようとして始めたものではありません。が、結果として「特別でない、特別支援教育」を体現している学校であると思います。また、その時の学校の実態や状況に応じて試行錯誤をするプロセスは、まさにインクルーシブな学校づくりです。さらに、これまでの取り組みでは、野口さんや前川さんといった多様な専門家の方に関わっていただき、市教委からも必要に応じて異なる担当指導主事が伴走支援しながら、常に先生方が主体性をもってブラッシュアップしてきたことに大きな意義があります。

喜沢小学校の今までの取り組みが、市内だけでなく、必要な方々に届くことを願っています。

喜沢小学校が大切にしたこと

手塚　浩

喜沢小学校の目指す学校像は、「すべての児童が『学校生活が楽しい』『学びが楽しい』と言える学校」です。多少の表現の違いこそあれ、多くの学校が同じような意味合いのことを大切にしているのではないかと思います。

本書では、２０２０年４月から２０２４年３月までの４年間に喜沢小で取り組んできた教育活動を紹介しています。４年間を通じて、教職員間でたびたび共有を図ってきた重要なワードは、「すべての児童」です。毎日登校してくるすべての児童にとって、教室が安心できる居場所になっているだろうか、すべての児童が自分に合った学びに繋がっているだろうか、授業、行事、生徒指導、特別支援教育など、あらゆる教育活動をこの視点で問い続け、実践と改善を繰り返してきました。

校長として最初に取り組んだのは、「すべての児童」の視点を学校経営方針に示すことでした。さらに、それを全教職員で共有し、協働していくチームを創っていきました。学校経営方針を教職員一人ひとりが深く理解し、自分事として捉え、様々な問題を整理・解決しながら、組織的に教育活動を進めていくことこそが大切だと考えたからです。

そして、目指す学校像を実現するために具体的に取り組んだのが、行動支援であるスクールワイドＰＢＳと個別最適な学びです。令和２年度にスクールワイドＰＢＳを導入してから、教職員が児童の成長を実感できたことで、学級経営や生徒指導、特別支援教育の考え方や取り組みに大きな変化が見られるようになり、やがて学校生活で大半の時間を占める授業も、「個別最適な学びに」という流れが必然的に生まれました。

また、こうした新たな実践を進めることができたのは、戸田市教育委員会の全面的なバックアップを始め、産官学との連携による外部からの支援の力が大きいと感じています。特に一般社団法人ＵＮＩＶＡ理事の野口晃菜氏、東京学芸大学（当時）の前川圭一郎氏には、令和２年度から伴走支援をしていただきました。スクールワイドＰＢＳを始め、学びと行動を三層で支援する「多層型支援システム」、データを活用して学習指導・支援を改善していく「ＲＴＩシステム」は、専門家の方々の知見が推進の大きな後押しとなりました。

本書をまとめるにあたり、ご協力いただいた多くの方々に心から感謝申し上げます。この本が、教育現場で子供たちの成長のために日々奮闘されている皆さまのもとに届き、より良い教育実践を進めていく上で少しでもお役に立てれば幸いです。

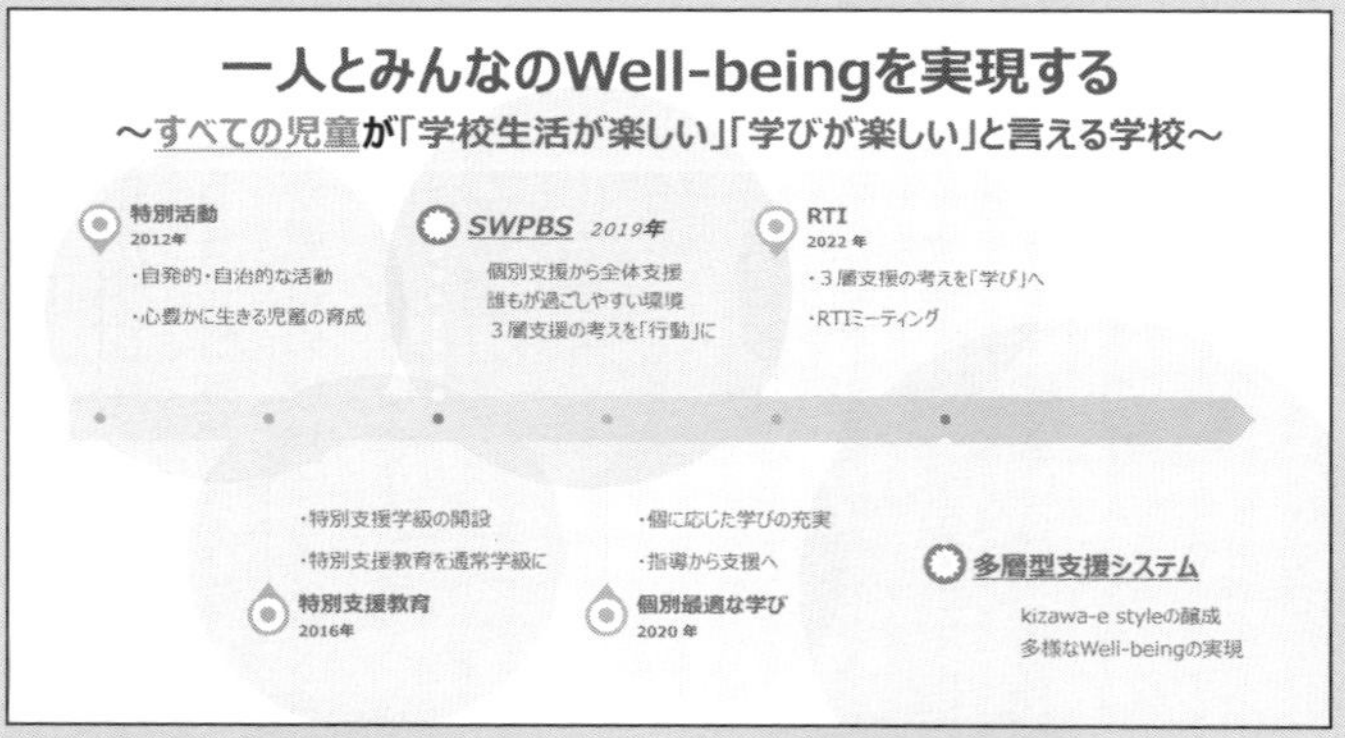

これまでの喜沢小学校における様々な取り組み年表

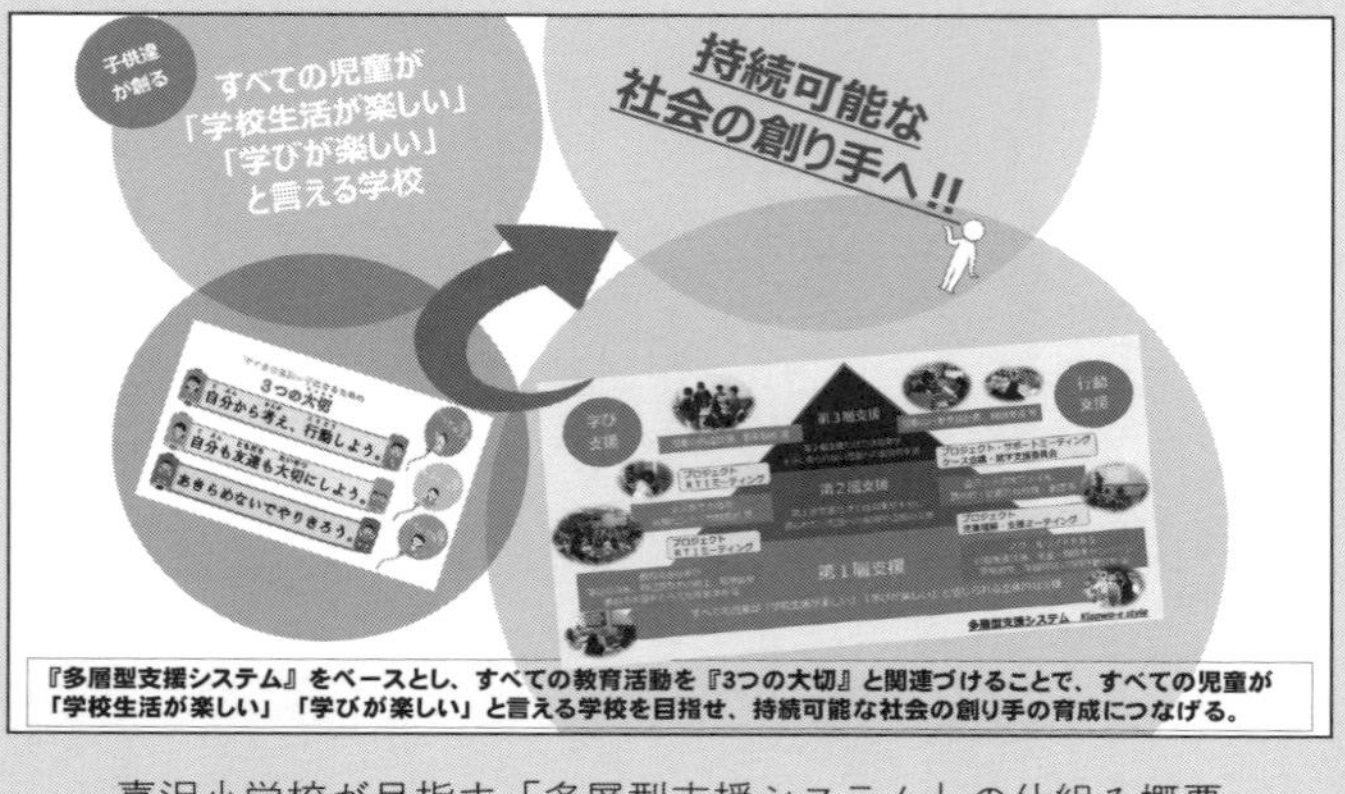

喜沢小学校が目指す「多層型支援システム」の仕組み概要

CONTENTS

はじめに
喜沢小実践の背景にある理論―インクルーシブ教育と多層型支援システム …… 2
戸田市教育委員会が目指す「特別でない、特別支援教育」 …… 6
喜沢小学校が大切にしたこと …… 8

第1章
スクールワイドPBSの導入と学校の変化

1 スクールワイドPBSとは
児童主体で取り組むPBSに …… 20
2 スクールワイドPBS導入期
導入の背景 …… 24
導入の実際 …… 26

3 スクールワイドPBSにおける実際の取り組み
児童と共につくる「キャンペーン」……37
4 スクールワイドPBSにおける教員の取り組み
教師キャンペーンの進行……62
校内研修のアップデート……71
■スクールワイドPBSを導入する上でのポイント 80
■Column 喜沢小学校座談会① PBS導入の経緯と展開 82

第2章
「行動の三層支援」と教員の指導の変化

1 「ケース会議」の課題を分析する
サポートミーティング設定の経緯 …… 96

2 サポートミーティングのシステム化
「ケース会議」から「サポートミーティング」へ …… 99

3 外部連携でさらに質を高める
教員のスキルアップでより充実した第三層支援へ …… 106

4 外部連携による三層支援の成果
具体的な支援と児童の変化の様子 …… 111

■個別的な支援（第三層支援）をする際のポイント …… 116

第3章 学びの多層型支援とRTIによる個の伸びへの転換

1 RTI（Response to Intervention/Instruction）とは
授業の在り方をチームで検討する多層型支援 …… 120

2 学びの支援を「多層型」に
学習面における多層型支援の取り組み …… 124

3 RTIミーティング進化期
これまでの課題を受けてのRTI改善 …… 130

4 第一層支援としての個別最適な学び
オンライン・ICTツールの活用（令和2～3年度） …… 138

5 学校研究としての個別最適な学び全面実施
「一層支援プロジェクト」推進（令和4～5年度） …… 146

■Column 喜沢小学校で取り組む個別最適な学びについて 170

■ Column　喜沢小学校座談会②　チームで取り組むRTIと個別最適な学び　172

第4章 多層型支援のための校内支援体制

1 学校課題研究を軸とした校内組織と働き方改革
新たな学校づくりに「全員で」挑む　188
2 「ぱれっとルーム（校内サポートルーム）」の活用
学びの場を選択する仕組み　196
3 多様性の理解と尊重を育む教育活動
すべての児童のウェルビーイング　198
4 脱・自前主義
外部との連携・伴走体制をつくる　204

■多層型支援のための校内支援体制を構築する上でのポイント 210

おわりに

校長として …… 212
指導主事の立場から思うこと …… 216
喜沢小学校に伴走をしてきて思うこと …… 220

参考文献一覧 222 ／ 執筆者一覧 223

第1章

スクールワイドPBSの導入と学校の変化

1

スクールワイドＰＢＳとは

児童主体で取り組むＰＢＳに

行動面に特化した多層型支援

School-Wide Positive Behavior Support は日本語に訳すと「学校規模ポジティブ行動支援」です。ポジティブ行動支援とは、当事者のポジティブな行動（本人のＱＯＬ向上に直結する行動）をポジティブに（罰的ではない肯定的、教育的、予防的な方法で）支援するための枠組みのことであり、その対象は、個人の行動のみを標的とするのではなく、その周囲の人々、あるいは周囲の人々を取り巻く様々な状況も分析とアプローチの対象と捉え、持続的な成果を生み出すための仕組みづくりを大切にしています。また、ポジティブ行動支援では、行動の理由を明らかにして、その理由に基づいた支援計画を立てるために、応用行動分析学の考えに基づき検討をしていきます。具体的には、下図のように、ある行動が起こるのか、起こらないのかについて、行動（Behavior）のきっかけ（Antecedent）と結果（Consequence）という行動と環境の相互作用についての記録から分析していきます。指導においては、増やしたい行動が決まると、その行動を生じやすくする工夫（例えば、視覚的なスケジュールの設定など）や、増やしたい行動を維持したり増加させたりするために、行動が生じた直後にどのように賞賛・承認するか（例えば、自分が頑張った成果を視覚化したものを使って褒めるなど）といった手続きを検討していきます。また、逆に、行動上の問題とされるような減らしたい行動については、先述したように、その子が持っているポジティブな行動を促進したり、つくり増やしたりすることで、相対的に行動上の問題を減らしていく（予防していく）という指導方針をとっていくのが特徴的です。

　このようなポジティブ行動支援を学校全体で行っていくシステムがスクールワイドＰＢＳです。具体的には、学校がすべての児童生徒にとっ

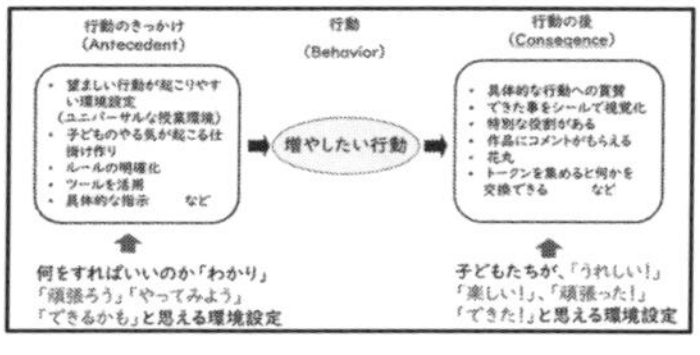

て安全で効果的な学習環境であるために必要な学校文化と個別の行動支援を確立するシステムアプローチであり、エビデンスベーストな行動支援を学校全体で組織的に行う枠組みといわれています。特徴的であるのは、支援方略として、三層からなる多層型支援モデルを採用している点です。全児童生徒を対象とした基盤的な第一層支援、第一層支援だけでは効果が見られない児童生徒に対する小集団支援の第二層支援、第一・第二層支援では効果が見られない児童生徒への個別支援の第三層支援によって、全体の支援枠組みが構成されます。また、第二・第三層支援を受けている児童生徒であっても、同時に基盤的な支援である第一層支援を受けることが保障されます。

　このシステムは、公衆衛生における予防モデルを基にして構築されたもので、欧米では、行動支援に特化したスクールワイドＰＢＳと学習支援に特化したＲＴＩが多層支援システムとして存在しており、多くの学校で採用されています。下の図は、喜沢小が採用しているスクールワイドＰＢＳとＲＴＩの関連図になります。多層支援システムに

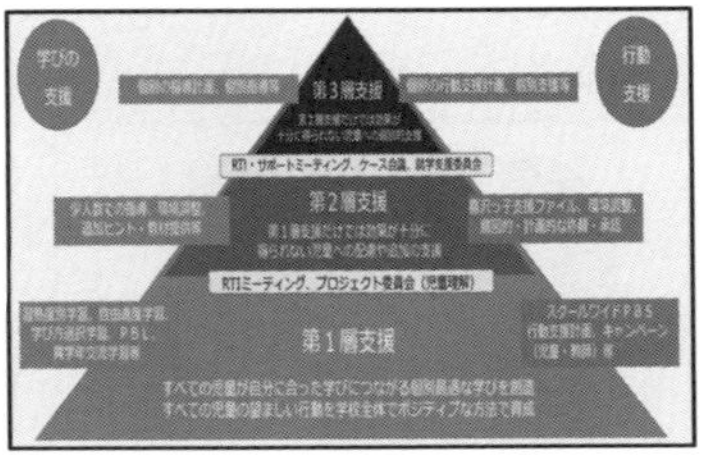

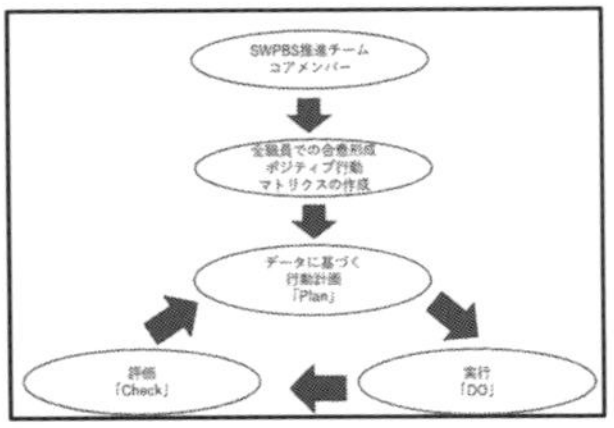

おける各層は連動しており、各層の支援の結果（データ）に基づいて次の支援を計画し実施していくというサイクルをミーティングの場において実施していきます。また、スクールワイドＰＢＳを実装する際には、初めに、校内でスクールワイドＰＢＳを担当するコアメンバーになる人を管理職が任命し、校内の全教員で目標となる行動を決め（ポジティブ行動マトリクスの作成）、その目標を基に校内における支援を計画・実行し、その結果から次の一手を検討していくというサイクルを行っていきます。詳しくは、ＡＰＢＳからマニュアルが出ておりますのでご参照ください。[i]

喜沢小学校におけるスクールワイドPBS

喜沢小学校では、ポジティブ行動マトリクスに基づいた支援計画のＰＤＣＡが見事であり、キャンペーンを実施する際には、児童による中間報告や目標を達成するために、環境調整を自ら行っていく姿勢が非常に特徴的です。児童が望ましい行動を自ら検討し、環境を整えていく姿に感動を覚えました。詳しくは、この後の章を読んでいただければと存じます。（前川）

i 若林上総ほか（２０２３）『学校全体で取り組むポジティブ行動支援スタートガイド』（ジアース教育新社）

2

スクールワイドPBS導入期

導入の背景

当時の本校の実態

本校では、平成24年度から7年間、教職員の研修として、学級活動を中心に、「自分もよくみんなもよい」をテーマとした「特別活動の研究」を行ってきました。また、平成28年度に特別支援学級が立ち上がったことをきっかけに、平成30年度から埼玉県特別支援教育研究会の委嘱を受け、「望ましい集団活動を通して、心豊かに生きる児童の育成」を主題とし、交流及び共同学習の推進など「特別支援教育の研究」を進めました。

他にも、地域の特徴として、外国にルーツのある児童の在籍が年々増加し、各学級の中では日本語が第一言語ではない児童がいることが当たり前となってきました。このような背景の中で、児童の中に、少しずつ「みんなちがって、みんないい」という、自他を尊重し合う心が自然と育まれてきました。

児童に身に付けてほしい力

本校の教育活動の中で重要と考えたことが、

①自分で考えて行動する「これからの社会で求められる力」の育成

②多層型支援の中で、第二・第三層支援が必要な児童への正しいアプローチ

③多様な児童が在籍していることを当然として、互いの違いを理解、尊重する教育活動

の３つです。これらの実現のためには、課題や望ましくない行動を直していくのではなく、**一人ひとりの良さを認め、自信を育て、それぞれの児童がもつ力を伸ばしていくこと**が重要だと考えました。そして、その考えこそが「スクールワイドＰＢＳ」だったのです。

2

スクールワイドＰＢＳ導入期

導入の実際

スクールワイドＰＢＳの導入の実際

スクールワイドＰＢＳを導入しようと考え始めた２０２０年の冬、全国的に新型コロナウイルスの感染が拡大し始め、全国一斉休校となりました。私たち教員にとっても経験したことのない非常事態の中、どれだけ子供たちが心を痛め、不安な日々を過ごしているかを考えると、休校明けにどのように子供たちを迎え、安心・安全な学校生活が送れるようにしていくかが学校としての大きな課題でした。

そのような中で、スクールワイドＰＢＳの導入を以下の流れで進めることにしました。

⑴プロジェクトチームによる導入計画の立案（４月）

(2)教職員への研修（5月）
(3)「3つの大切」の決定（5月）
(4)「行動目標設定表（マトリクス表）」の作成（6月〜7月）
(5)実際の運用開始

(1)プロジェクトチームによる導入計画の立案

まず初めに、スクールワイドPBS推進チームを編成しました。メンバーは、主幹教諭・生徒指導主任・2つのプロジェクト（第4章で詳しく説明）のリーダー・特別支援教育コーディネーターの5名。とはいえ、この5名も、PBSという言葉を知ったばかり。校内へどのような流れで導入していくのか、ほとんど見当がつかない状況でした。そこで、アドバイザーとして、（株）LITALICO執行役員／LITALICO研究所所長（当時）の野口晃菜氏（以下、野口氏）や、東京学芸大学（当時）の前川圭一郎氏（以下、前川氏）にオンラインで

推進チームと野口氏の打ち合わせ

打ち合わせに入ってもらい、推進チームがＰＢＳの基本的な考え方について理解をすることから始めました。その後、教員への理解はどのように進めていくのがよいか、導入の流れと見通しなど、具体的な計画を立てていきました。

⑵ 教職員への研修

先にも述べたように、コロナ禍で休校中の5月。まずは、野口氏に講義を依頼し、「ＰＢＳとは何か」について、全教員を対象にしたオンライン研修会を実施しました。その後、前川氏を指導者として本校に招聘して全体研修会を行いました。研修では、ＰＢＳの「褒めて、認めて、育てること」は、科学的根拠に基づき実践されるものであること、応用行動分析学に基づいた

野口氏によるオンライン研修や前川氏による全体研修の様子

「行動」の３つの分類を正しく理解した上で実践していく必要があることなど、講義と演習に十分な時間を確保したことで、ＰＢＳの理論的な面について理解を深めることができました。

一方で、この頃はまだ教員間に認識の差があり、褒めているだけで本当に児童が伸びるのか、実際に学校全体で進めていくことができるのかなど、不安なことも多くありました。

(3)「3つの大切」の決定

教員の理解が得られたところで、スクールワイドＰＢＳの主軸となる「３つの大切」の検討に入り、推進チームから提案を行うようにしました。学校を運営していく上で最上位の目標となるものが学校教育目標です。当時の本校の学校教育目標が、「よく考える子・思いやりのある子・元気な子」だったことから、その具現化に繋がる内容とすることを基本に据えました。また、前年度末の校内研修において、本校の児童に身に付けさせたい資質・能力を「探究心・多様性・やり抜く力」と定めたため、そこから具体的な言葉を考えていくことにしました。

まず、初めに「私が考える『きざわっ子３つの大切』」を全教員で考えました。その後、それらを付箋に書き出し、PBSの実践を担当するBプロジェクト※のメンバーで表にまとめていきます。教員それぞれで考えた「3つの大切」でしたが、表にしてみると、傾向はある程度まとまっていて、分類するのにはそれほど時間はかかりませんでした。ただし、児童と共通認識をもって進んでいくためには、短く、誰もが理解しやすい言葉で表すことが大事だと考え、検討を重ねていきました。

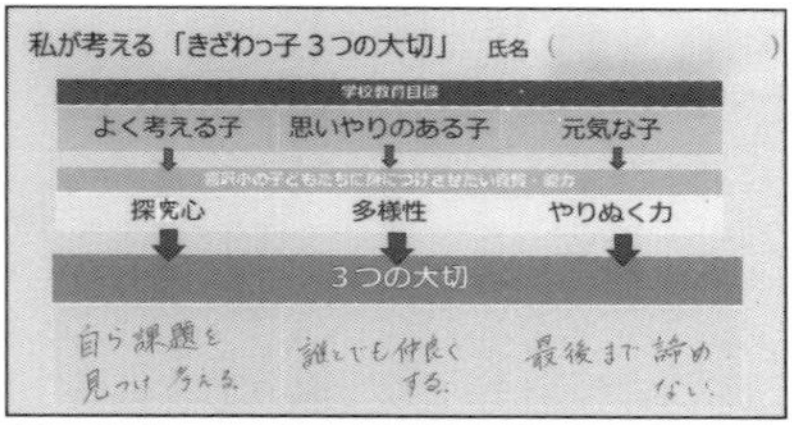

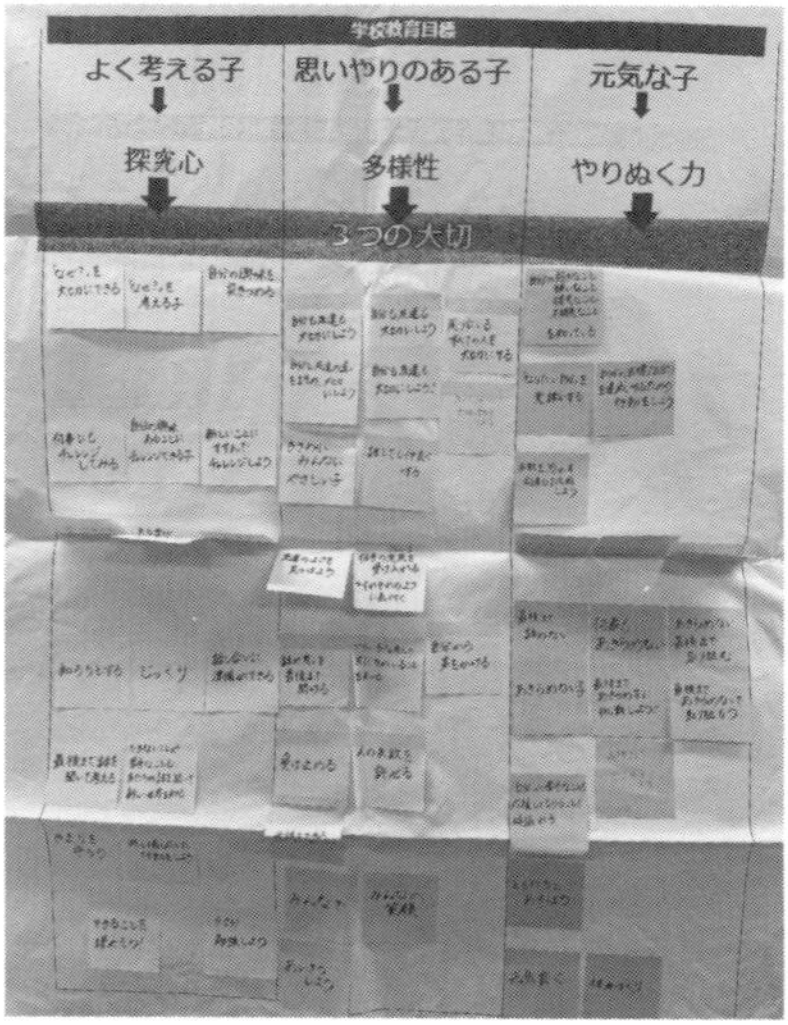

このような過程で決定した「3つの大切」が、「自分から考え、行動しよう・自分も友達も大切にしよう・あきらめないでやりきろう」です。児童が親しみやすいような掲示物を作成し、日常の学校生活の中で誰もが意識できるように、全教室に掲示しました。この「3つの大切」をどのように児童へ紹介するかも重要なポイントです。なぜなら、紹介す

※喜沢小内の教員によるPBSを推進するプロジェクト組織。第4章P190より詳説

るのは、ちょうど3か月間の臨時休校明けであり、児童も教員もコロナ禍の辛い思いを経てのスタートの時だったからです。

２０２０年6月1日。全校児童向けのオンライン朝会でこれからの学校生活をどのように過ごしていったらよいか、児童の気持ちに寄り添いながら、全教員の思いが込められた「３つの大切」を校長から全校児童に紹介しました。

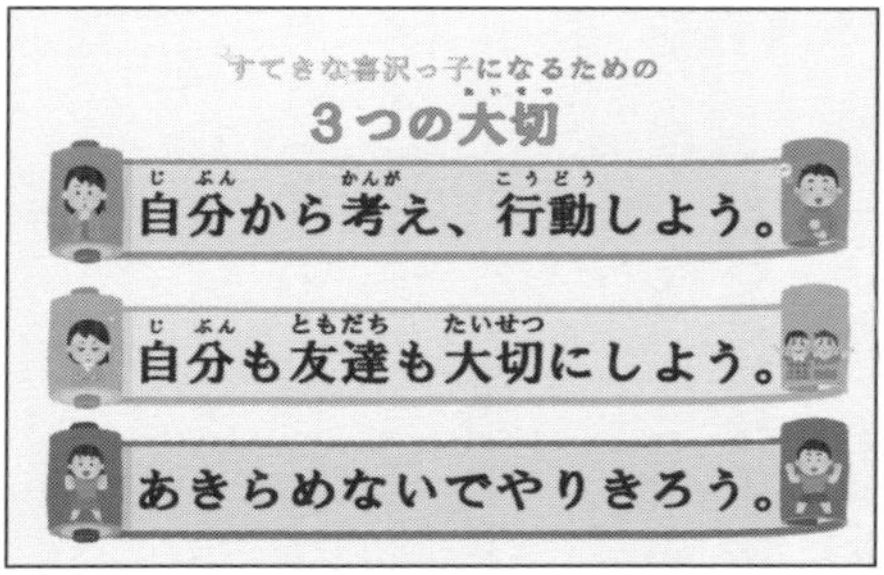

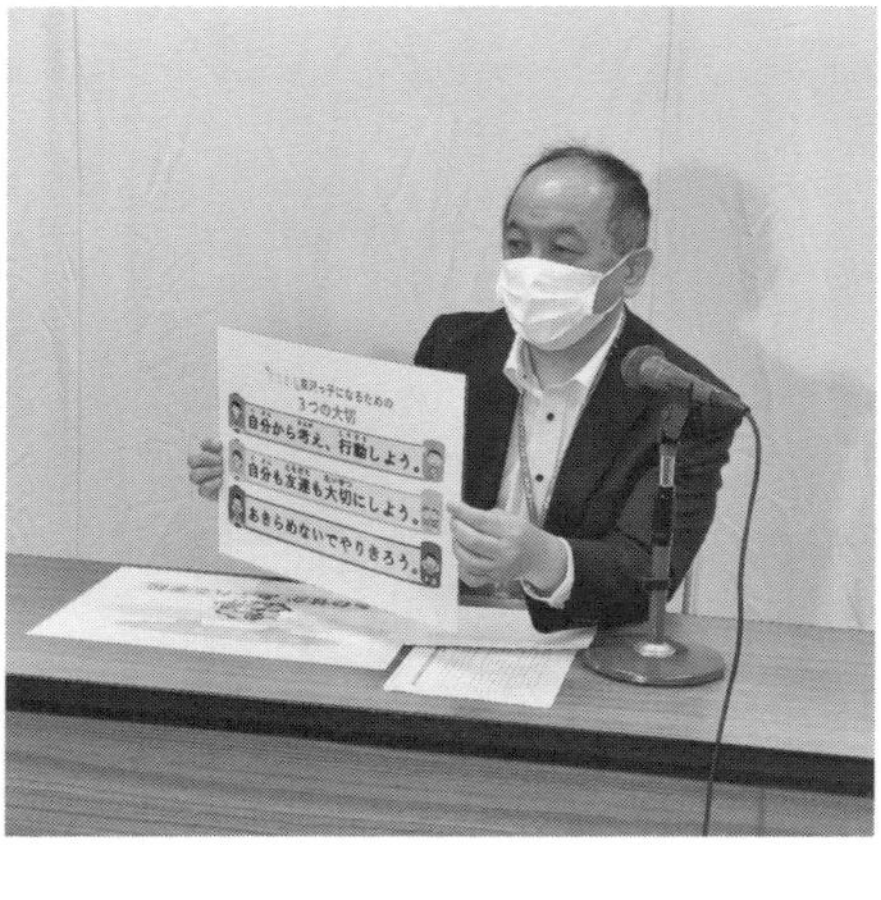

その後、各学級でも、喜沢小に通うすべての児童にとって新たな学校生活の指標となる「３つの大切」について、児童の発達段階に応じて担任から丁寧に説明を行いました。

(4)「行動目標設定表（マトリクス表）」の作成

「3つの大切」が決定した頃、推進チームは「行動目標設定表（マトリクス表）」作成の検討に入りました。「行動目標設定表」とは、先に決定した「3つの大切」を基に、それらを学校生活の具体的な場面に当てはめ、どのような行動が〝望ましい行動〟なのかを具体的に示したものです。

①素案の作成

学校生活の具体的な場面といっても、様々な場面があります。そこで、推進チームで話し合い、日常生活で意識しやすい「授業中・休み時間・給食や掃除」の3場面にすることにしました。そして、教員が考え決定するのではなく、自分たちの学校生活をより良くするために、一人ひとりの児童が考えることが重要だという結論に達し、学級活動の時間に考える時間を設けることにしました。

休校が明けて、少し学校生活に慣れてきた6月下旬。3年生以上の児童に「わたしの考える3つの大切『具体的な行動』」を考えてもらうことにしました。

具体的には、各担任が再度「3つの大切」について児童に説明し、「授業中・休み時間・給食や掃除」それぞれの場面をイメージしながら、自分事として望ましい行動を考えられるようにしました。

児童は、これまでの学校生活の経験から、望ましい行動をよく理解しており、教員だけでは思いつかないような、具体的な行動を挙げる児童も見られました。その後、Bプロジェクトの教員が比較・検討を行い、児童と教員の思いを一体化させ、各項目一つずつに望ましい行動を絞っていきました。

そこからさらに、1年生から6年生までの幅広い発達段階の児童がいる中で、「同じ行動目標でいいのか」という視点で話し合いを重ね、最終的には、同じ内容でも、低・中・高学年と学年が上がるにつれ、少しずつ目標が高くなるように文言の整理を進めました。

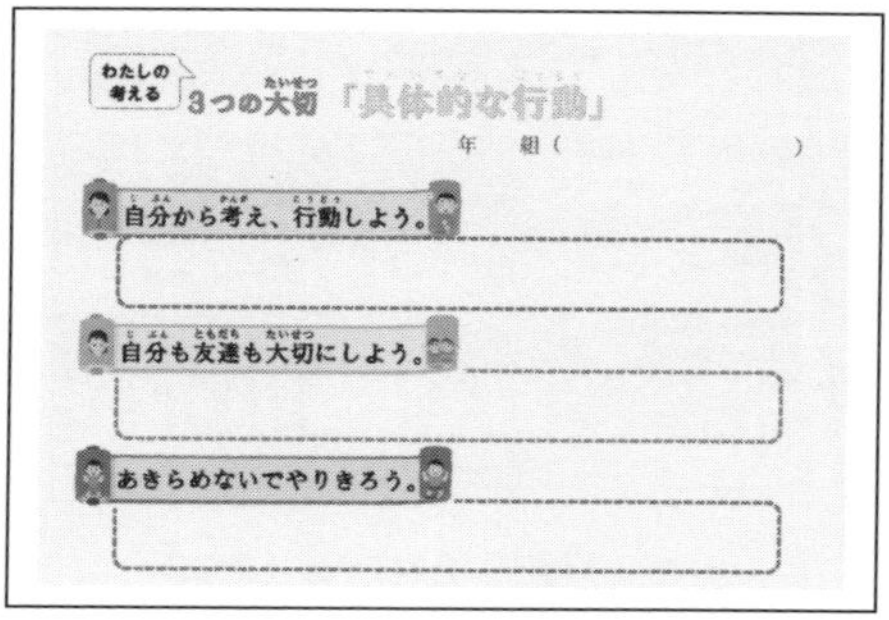

具体的な行動を考えるシート

②実証

「行動」は、具体的かつ正確に教員が見取ることができるかが重要になります。そこで、素案で設定した「行動」が具体的か、児童の望ましい行動を正確に見取ることができるか、学校全体で共通認識が図れるかなどの視点で、全学級で担任が約1週間実証調査を行い、各担任からの実証結果を集約し、推進チームで検証を行いました。

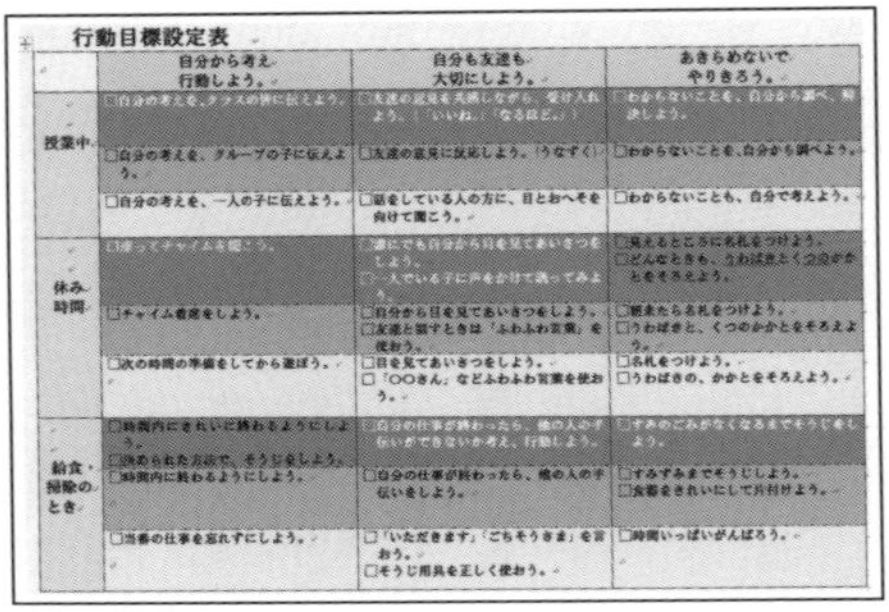

行動目標設定表

	自分から考え行動しよう。	自分も友達も大切にしよう。	あきらめないでやりきろう。
授業中	□自分の考えを、クラスの皆に伝えよう。	□友達の意見を共感しながら、受け入れよう。「いいね」「なるほど」	□わからないことを、自分から調べ、解決しよう。
	□自分の考えを、グループの子に伝えよう。	□友達の意見に反応しよう。（うなずく）	□わからないことを、自分から調べよう。
	□自分の考えを、一人の子に伝えよう。	□話をしている人の方に、目とおへそを向けて聞こう。	□わからないことも、自分で考えよう。
休み時間	□揃ってチャイムを聞こう。	□誰にでも自分から目を見てあいさつをしよう。 □一人でいる子に声をかけて誘ってみよう。	□見えるところに名札をつけよう。 □どんなときも、うわばきとくつのかかとをそろえよう。
	□チャイム着席をしよう。	□自分から目を見てあいさつをしよう。 □友達と話すときは「ふわふわ言葉」を使おう。	□朝来たら名札をつけよう。 □うわばきと、くつのかかとをそろえよう。
	□次の時間の準備をしてから遊ぼう。	□目を見てあいさつをしよう。 □「○○さん」などふわふわ言葉を使おう。	□名札をつけよう。 □うわばきの、かかとをそろえよう。
給食・掃除のとき	□時間内にきれいに終わるようにしよう。 □決められた方法で、そうじをしよう。	□自分の仕事が終わったら、他の人の手伝いができないか考え、行動しよう。	□すみのごみがなくなるまでそうじをしよう。
	□時間内に終わるようにしよう。	□自分の仕事が終わったら、他の人の手伝いをしよう。	□すみずみまでそうじしよう。 □食器をきれいにして片付けよう。
	□当番の仕事を忘れずにしよう。	□「いただきます」「ごちそうさま」を言おう。 □そうじ用具を正しく使おう。	□時間いっぱいがんばろう。

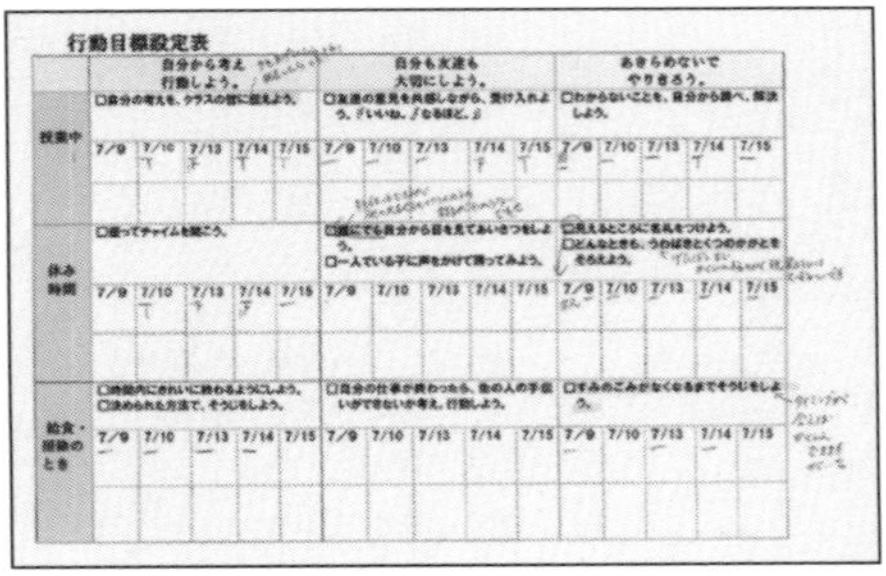

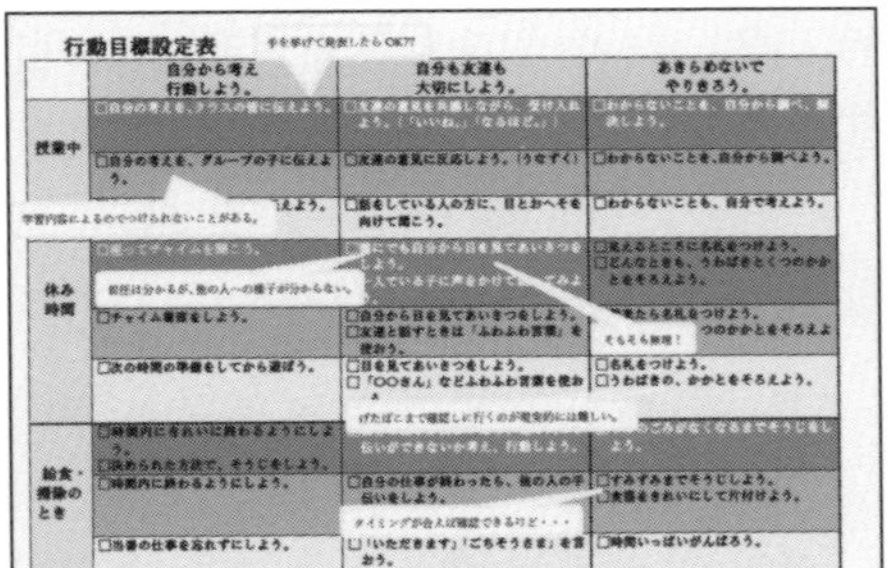

上から行動目標設定表（素案）
行動目標設定表（素案）実証
行動目標設定表（素案）実証結果

実証調査の結果を集約したもの（前ページ図）を見てみると、教員によって見取り方にばらつきが生じてしまったり、実際に見取ることが難しかったり、児童の実態に合っていないものがいくつか見られました。そこでそれを基に、再度、推進チームで検討し、「行動目標設定表」をブラッシュアップしていきました。

③完成

こうして約1か月をかけて、〝すてきな喜沢っ子になるために〟と題した「行動目標設定表」が完成し、オンラインの朝会にて、Bプロジェクトの担当から全校児童に紹介されました。朝会後には、常に児童が意識して

すてきな喜沢っ子になるために

	自分から考え、行動しよう。	自分も友達も大切にしよう。	あきらめないでやりきろう。
授業中	□自分の考えを、クラスの皆に伝えよう。（手を挙げる・みんなに聞こえる声）	□友達の意見を共感しながら聞こう。（「いいね。」「なるほど。」）	□わからないことを、自分から調べ、解決しよう。
	□自分の考えを、グループの子に伝えよう。	□友達の意見をうなずきながら聞こう。	□わからないことも、自分の考えを書いてみよう。
	□自分の考えを、一人の子に伝えよう。	□話をしている人の方に、目とおへそを向けて聞こう。	□わからないことも、自分の考えを書いてみよう。
休み時間	□次の時間の準備をしてから遊ぼう。□座ってチャイムを聞こう。	□誰にでも自分から目を見てあいさつをしよう。□友達を「○○さん」と呼ぼう。	□朝の会までに、見えるところに名札をつけよう。□どんなときも、上履きと靴のかかとをそろえよう。
	□次の時間の準備をしてから遊ぼう。□チャイム着席をしよう。	□自分から目を見てあいさつをしよう。□友達を「○○さん」と呼ぼう。	□朝の会までに、名札をつけよう。□うわばきと、くつのかかとをそろえよう。
	□次の時間の準備をしてから遊ぼう。□チャイム着席をしよう。	□目を見てあいさつをしよう。□友達を「○○さん」と呼ぼう。	□あさのかいまでに、名札をつけよう。□うわばきの、かかとをそろえよう。
給食・掃除 その他	□自分の仕事が終わったら、他の人の手伝いをしよう。□決められた方法で、活動をしよう。	□正しく配膳し、マナーを守って食べよう。□食器をきれいにして優しく片付けよう。	□すみのごみがなくなるまでそうじをしよう。□廊下を正しく歩こう。（歩く・口を閉じる・右側通行）
	□自分の仕事が終わったら、他の人の手伝いをしよう。□当番の仕事を忘れずにしよう。	□時間を守って食べよう。□食器をきれいにして片付けよう。	□すみずみまでそうじしよう。□廊下を正しく歩こう。（歩く・口を閉じる・右側通行）
	□当番の仕事を忘れずにしよう。□そうじ用具を正しく使おう。	□「いただきます」「ごちそうさま」を言おう。	□すみずみまでそうじしよう。□廊下を正しく歩こう。（歩く・口を閉じる・右側通行）

すてきな喜沢っ子になるために

	自分から考え、行動しよう。	自分も友達も大切にしよう。	あきらめないでやりきろう。
授業中	□じぶんのかんがえを、一人《ひとり》の子《こ》につたえよう。	□話《はなし》をしている人《ひと》のほうに、目《め》とおへそをむけて聞《き》こう。	□わからないことも、自分《じぶん》の考《かんが》えを書《か》いてみよう。
休み時間	□次《つぎ》の時間《じかん》のじゅんびをしてからあそぼう。□チャイムちゃくせきをしよう。	□目《め》を見《み》てあいさつをしよう。□友達《ともだち》を「○○さん」とよぼう。	□あさのかいまでに、名札《なふだ》をつけよう。□うわばきの、かかとをそろえよう。
給食・掃除 その他	□当番《とうばん》の仕事《しごと》をわすれずにしよう。□そうじ用具《ようぐ》を正《ただ》しくつかおう。	□「いただきます」「ごちそうさま」を言《い》おう。	□すみずみまでそうじしよう。□ろうかを正《ただ》しく歩《ある》こう。（あるく・口《くち》を閉じる・みぎがわつうこう）

行動目標設定表（Ver.1）全学年版と
行動目標設定表（Ver.1）自学年版

生活できるように、全学年分が載っているもの（前ページ上図）と、自学年ブロックが目指すべき行動のみを示したイラスト入りのもの（前ページ下図）を配布し、全教室に掲示しました。

⑸実際の運用開始

こうして、本校のスクールワイドＰＢＳの土台がつくられ、いよいよ本格運用です。「３つの大切」を毎朝全員で確認する学級があったり、校長から全校児童への講話の中で「３つの大切」や「行動目標設定表」について触れたりと、少しずつ児童の中に浸透していきました。

児童の望ましい行動が明示されたことで、教員もどんな行動を認め、褒めればよいか明確になり、反対に、学校生活の中で児童が望ましくない行動をとった時、それが喜沢小の「３つの大切」に当てはまっているか、立ち返りながら指導・支援することができるようになりました。明確な「行動」の姿で共通理解・共通認識が図れたことで、教員の認識や価値観によって指導がぶれることなく、全教員が全児童にポジティブな行動支援ができるようになったことが、スクールワイドＰＢＳ導入初年度の大きな成果といえるでしょう。

3

スクールワイドＰＢＳにおける実際の取り組み

児童と共につくる「キャンペーン」

生活目標からＰＢＳ児童キャンペーンへ

本校がスクールワイドＰＢＳを推進するにあたり、大きく変えたことがあります。それは、毎月の生活目標を「キャンペーン」としたことです。生活目標は、教員が児童に毎月の目標を提示することが一般的ですが、このキャンペーンでは学校の実態を把握し、**児童の「こんな学校にしたい」という思いと、教員の「こんな子になってほしい」という願い**によって、行動目標を決定し、進めていきます。

ここからは、そんな実際のＰＢＳ児童キャンペーンについて詳しく述べていきます。

ＰＢＳ朝会の設定

児童キャンペーンを中心となって進める学年や委員会、グループを「本部」と名付けました。全校でキャンペーンに取り組んでいくために、児童と教員全体にキャンペーンについて共有する場面が必要です。そこで、朝会の時間を活用することにしました。１つのキャンペーンにつき、３回のＰＢＳ朝会を実施します。

１回目が「お知らせ朝会」です。キャンペーン内容に関わる現状の事前調査を行い、学校キャンペーンの内容の共通理解や事前調査の現状、キャンペーンで取り組むその行動の良さなどについて、本部担当児童がスライド等を用いて全校に発信します。２回目の「中間発表朝会」では、お知らせ朝会の呼びかけから行動がどのように変容したかを中間調査の結果を基に全校に伝えます。３回目では「最終結果発表朝会」として、キャンペーン期間全体を通しての成果を伝えます。朝会の内容もＰＢＳの視点で、できている子に目を向け、キャンペーン中に見られた望ましい行動や成長を伝えるよう心がけました。

それぞれの朝会の間にどのように取り組みを推進していくかは、４年間をかけ試行錯誤しながら少しずつ形にしていきました。

PBS児童キャンペーンのスタート（1年目）

２０２０年9月に第1回目の児童キャンペーンが始まりました。本部は、児童会役員です。児童会メンバーと担当教員で行動目標について話し合うと、コロナ禍によって学校生活に様々な制限がかかる中、あいさつで学校を明るくしたいという案が出てきたため、初めてのキャンペーンを「目を見てあいさつをしよう」に決めました。お知らせ朝会後、実際にキャンペーンが始まると児童会の役員は毎朝のあいさつ運動を始めました。

また、同時に各学級で学級活動を実施しあいさつについて考えると共に、一人ひとりが自分で目標を立て、１週間その目標の達成に向けて行動しました。定期的に中間調査として目を見てあいさつができている児童の人数をカウントし、データとして変容を見取ったり、各学級に配布されるシートで日々の取り組みを振り返ったりもしました。初年度は中間発表朝会がなく、１か月後の最終結果発表朝会にてその間の成果を数値として全校に伝えまし

た。朝会や児童会の取り組み、学級活動の成果として、もともとできていたあいさつに「目を見て」という視点が加わり、より気持ちの良いあいさつへと児童の変化を確かに感じられました。

その後は、児童会や高学年の児童を中心とした本部構成であいさつキャンペーンと同様に毎月1つずつ行動目標を設定し、キャンペーンを進めていきました。

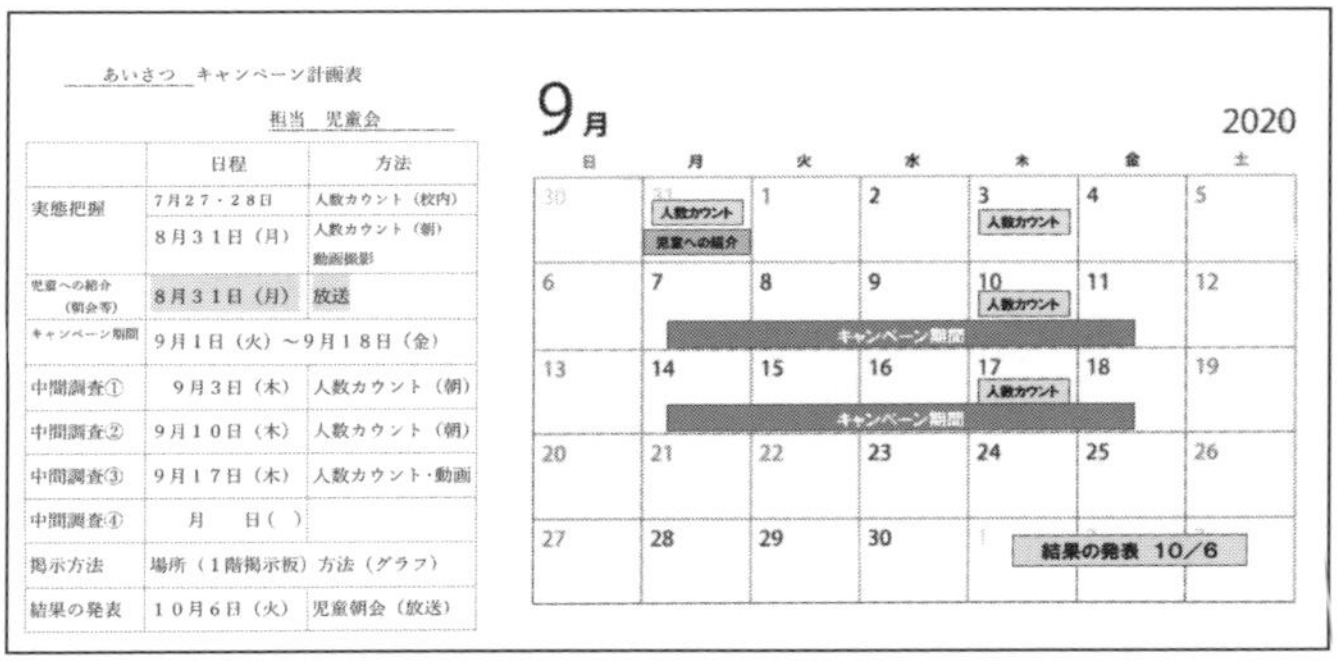

あいさつ　キャンペーン計画表

担当　児童会

	日程	方法
実態把握	7月27・28日	人数カウント（校内）
	8月31日（月）	人数カウント（朝） 動画撮影
児童への紹介（朝会等）	8月31日（月）	放送
キャンペーン期間	9月1日（火）～9月18日（金）	
中間調査①	9月3日（木）	人数カウント（朝）
中間調査②	9月10日（木）	人数カウント（朝）
中間調査③	9月17日（木）	人数カウント・動画
中間調査④	月　日（ ）	
掲示方法	場所（1階掲示板）方法（グラフ）	
結果の発表	10月6日（火）	児童朝会（放送）

実際に活用した計画表

		行動目標	本部
①	9月	目を見てあいさつをしよう	児童会
②	10月	廊下は静かに右側を歩こう	児童会
③	11月	発表している友達のほうを見ながら話を聞こう	6年生
④	12月	分からないことを自分から解決しよう	6年生
⑤	1月	自分の考えを友達に伝えよう	6年生
⑥	2・3月	友達を○○さんと呼ぼう	5年生

月ごとの行動目標

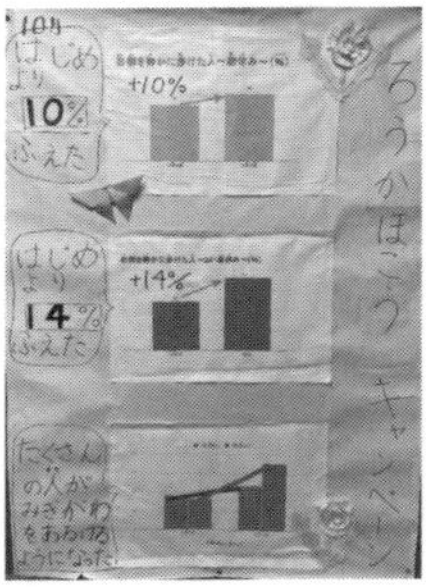

児童が作成したキャンペーンのまとめ

9月から3月までキャンペーンを行っていく中で、児童が望ましい行動をする姿が増え、それは数値にも表れましたが、同時にいくつかの課題も見えてきました。

1つ目は、「すべての児童が自分事として取り組んでいるとはいえないこと」。本部の担当になった児童以外の子供たちにとっては、従来の生活目標と変わらず「本部の児童から目標が与えられている」印象が拭えませんでした。

2つ目は、「担当となった教員の大きな負担と、担当ではない教員とのギャップ」。本部の立ち上げや調査、朝会準備など児童に伴走していくとなると、多くの休み時間を費やして指導をすることになり、学級の児童との関わりが減少したり、多忙感を感じやすくなったりしました。さらに、担当にならない教員にとってもキャンペーンが担当以外の児童と同様に与えられたものとなり、自分事として感じにくいものとなってしまっていました。

3つ目は、「行動の定着率の低さ」。キャンペーン期間中やキャンペーン終了直後は望ましい行動が著しく増えますが、しばらく経つともとの状態に戻ってしまいます。毎月キャンペーンを行うことで、多くの行動目標に取り組めるものの、定着まで到達できないままどんどん次のキャンペーンに移ってしまっていました。

これらの課題を解決するために、次年度への取り組みを考えていきました。

1年目の課題を受け、2年目の挑戦へ

令和3年度のスタートに向けて、キャンペーンのやり方をブラッシュアップしました。まず、5～6年生からキャンペーン本部を担当する実行委員を募ったり、委員会に本部を割り振ったりして、できるだけたくさんの児童が学校キャンペーンに関われる体制を整えました。また、PBSキャンペーンの運営をより円滑に行うと共に行動の定着を図れるように、「2か月で1つのキャンペーン」のサイクルにすることにしました。

児童の実態に合わせて活動をしていくために、PBS朝会の前には、「現状はどうなのか」「どれくらい効果が出ているのか」など必ず事前調査を行います。調査結果をもとに次の計画を立てるため、中間発表朝会を増やし、より早く実態に即した実践に繋げられるようOODAループ※に似たサイクルを取り入れることにしました。

期間	キャンペーン内容	本部
4・5月	くつそろえ・名札	児童会
6・7月	あいさつ	環境生活委員会
9・10月	廊下歩行	6年生
11・12月	そうじ	5年生
1・2・3月	当番の仕事	緑化美化委員会

※「Observe（観察）」「Orient（状況判断）」「Decide（意思決定）」「Act（実行）」の頭文字をとったフレームワーク

自分事としてのPBSキャンペーンへ（2年目）

２０２１年４月、キャンペーン２年目が始まりました。２か月で１つのキャンペーンになったことで、期間が長くなった分、１つのキャンペーンの中で多くのことに挑戦できるようになっていきます。

これまでのお知らせ朝会の際には、廊下歩行（右側を歩くことを目的にしたキャンペーン）を担当した６年生の実行委員より「キャンペーンに関する行動の意義を全校に伝える動画を作成したらどうか」というアイデアが出て、実際に朝会のスライドに入れ込みました（下写真）。廊下を歩いた時と走った時の危険性の違い、右側を通るとどんないいことがあるのかが見ただけで分かり、全校児童への意識付けにはとても有効な手立てとなりました。

この年からお知らせ朝会後の２週間程度を「全校キャンペーン」と呼び、本部児童が全校児童に行動目標を意識させるための取り組みを進めるようにしました。

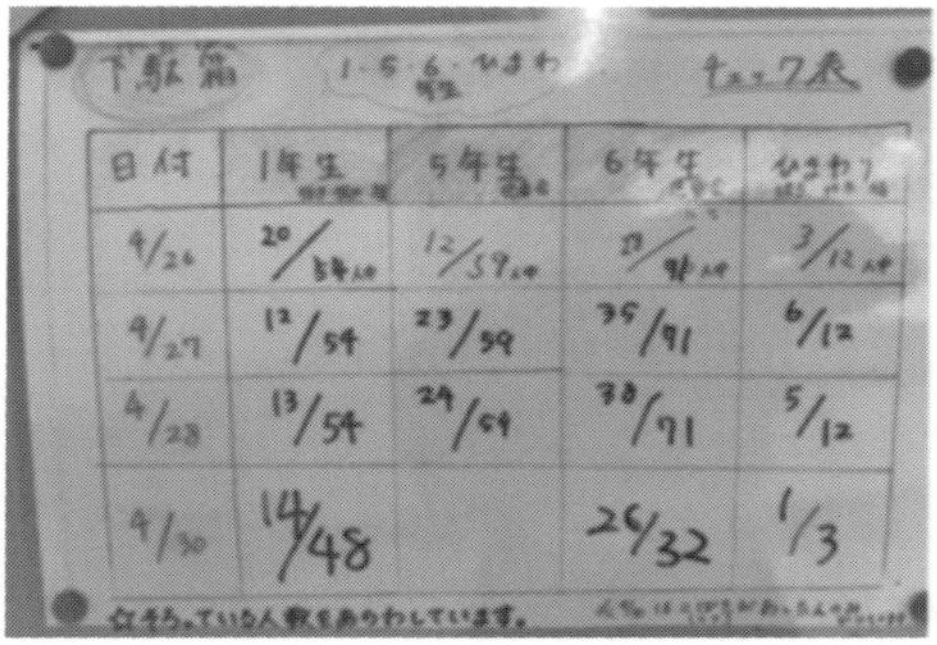

【その他のキャンペーンの様子】
ペア学年で掃除をする（右上・中段）、廊下歩行を低学年に呼びかける（左上）、きざわん（学校のマスコット）の着ぐるみを着てあいさつを促す（下段）

全校キャンペーンを進めながら、本部は次の朝会に向けて全校の状況調査を行います。中間調査と呼ばれる日を何日間か設定し、望ましい行動ができている人数をカウントしたり、できている児童にシールを渡して調査用紙に貼ってもらったりして変化の様子のデータ化と可視化を図りました。そのデータを基に、全校キャンペーンの成果を中間発表朝会で全校に発表します。中間発表があることで児童の頑張りを認め褒めると共に、残りの期間でもっと望ましい行動を増やすためにはどんなことができるのかを考え、やってみることが可能となりました。

中間発表朝会のあと、各学級にて中間発表で示された結果を基に、個人の目標（取り組み）の決定、実践、振り返りまでを一連の流れとした学級活動での話し合いを実施します。担当となった学年の教員が指導案やワークシートを作成し、全校でより効果的な指導

第５学年２組　学級活動（２）学習指導案（略案）

題　材　「気持ちのよいあいさつ」
学級活動（２）ア　基本的な生活習慣の形成

ねらい　日常の生活を振り返り、あいさつの大切さやすばらしさに気付き、自ら進んであいさつしようとすることができる。

段階	児童の活動	・指導上の留意点 ◎目指す児童の姿	・資料 教材
導入 ７分	【つかむ】 １　今までのあいさつの仕方について、振り返る。 （アンケート結果から気づいたことを発表する。） ２　課題をつかむ。	＜予想される反応＞ ・目を見てあいさつできる人は増えてきたが、まだ全員はできていない。 ・できるときとできないときがある。 ・目を見てあいさつするのは、難しい ・今までよりも、あいさつができる人が増えてきたが、さらによくなるために、自分に合ったあいさつの仕方について考えていくことをおさえる。	・（アンケート集計）
	今の自分よりも、あいさつをパワーアップさせるために、自分に合っためあてを決めよう。		
展開 28分	【さぐる】 ３　課題について探る。 ・「どうして、目を見てあいさつができるようになってきたのか」 ・「あいさつはなぜ大切なのか」 【見付ける】 ４　これから続けていくために、また、もっとよくなるためにはどうしたらよいか、ついて話し合う。 （グループ）	＜予想される反応＞ ・今月の生活目標だから。 ・先生たちから聞いたから ↓ ・いい気持ちになる ・人に対する礼儀だから ・大人になるために、身に着けておきたいから ・友達にも自分からあいさつしたい。 ・先生方よりも先にあいさつできるようにする。 ・地域の方にもあいさつできるようにしたい。 ・通学班の友達にもあいさつしたい。 ・上の学年や下の学年にもあいさつできるようにしたい。	
終末 10分	【決める】 ５　話し合ったことをもとに、具体的な方法を意思決定する。	・これからの生活で、どのような行動を取り、気をつけていくかを決める。 ・具体的な実践目標にさせる。 →　「いつ・どのような場面で」「どのように」 ◎自分にあった具体的な行動目標を考え、設定している。 【思考·判断·表現】（カード）	・「めあてカード」など

ができるよう工夫しました。

さらに、話し合いを通して学級での取り組みも考え、実践、振り返りを行う「学級キャンペーン」を設定しました。期間は2週間で、児童は自分の長所を発揮でき、目標達成に効果的だと思う活動を決定し、グループや個人で学級キャンペーンに取り組んでいきます。廊下には全学級が取り組み宣言として自学級がどのようなことに取り組むのかがひと目で分かるポスターをはり出すことで、他のクラスの取り組みが見えるようになり、次のキャンペーンで他のクラスの活動を取り入れたり、アイデアを進化させていったりする様子が見られました。このように活動が自分事となったことで、本部以外の児童も楽しみながらキャンペーンに取り組むようになりました。また、担任外の教員も学級の取り組みを把握することができるようになり、「素敵な取り組みを考えたね」「面白い活動だね」「キャンペーンを頑張っているね」など褒める材料が増えたというメリットもありました。

学級キャンペーンの後半には再度調査を行い、２か月の伸び率を最終結果発表朝会で発表し、特に成果が出た学年の学級キャンペーンの取り組みなども紹介しました。最後は各クラスの振り返りをひと言で表したカードや、朝会で活用した２か月の行動変化の様子をまとめたものを職員室前廊下に掲示します。一人ひとりの頑張りが学校全体の成果へと繋がったことがＡＢＣ分析におけるＣ［称賛］となり、児童も喜んでいる様子が見られました。

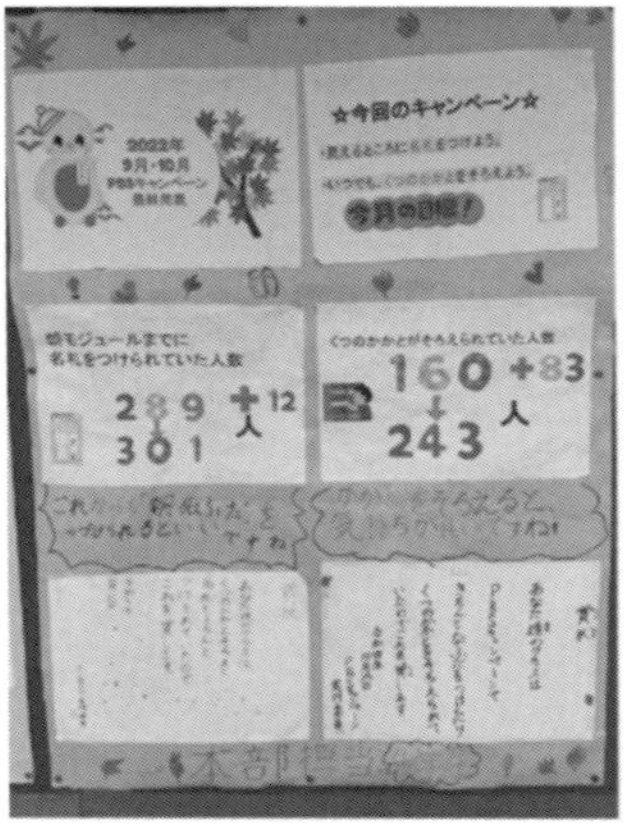

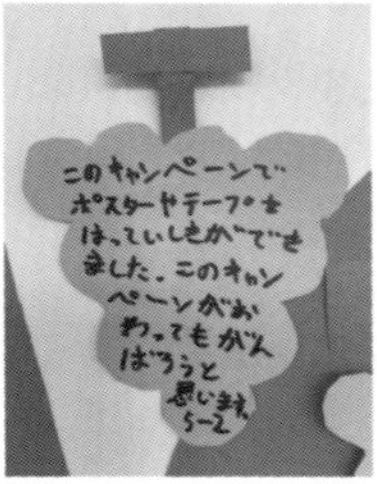

２年目の成果とさらなる進化を追い求めて

この２年間で運営のイメージが確立され、本部になった児童が自分たちである程度の見通しをもってキャンペーンを進めることができるようになりました。それにより、教員の負担もかなり軽減されたように思います。さらに、学級キャンペーンを取り入れたことで、全校児童が楽しみながらキャンペーンに参加する姿が多く見られるようになりました。学期末の「がんばり発表会」（各学年の児童がその学期で頑張ったことを発表するもの）では、４年生の児童が「前期に頑張ったことは、ＰＢＳキャンペーンです」と発表する姿もありました。他の教育活動と同じようにキャンペーンが児童に根付いてきました。

しかし、もちろん２年目にも課題がありました。例えば、委員会による本部運営は、担当の教員と児童の時間調整が難しく準備の時間が十分にとれませんでした。朝会が迫った頃の放課後に、一部の児童が残って担任と一緒にスライドを準備することもありました。また、今までは高学年の児童が本部を担ってきていましたが、他の学年でもできるのではないかという考えも出てきました。

児童が自らの力で進められるように（3年目）

　児童キャンペーン3年目の2022年、前年度までに確立されてきた運営のイメージをより定着させるため、基本的なサイクルは変えずに進めていきました。

　この年の大きな変更点は、本部の担当を3〜4年生に割り振ったことです。正直なところ、中学年の児童がキャンペーンを回せるか心配なところはあったものの、挑戦してみることにしました。

　実際に取り組んでいくと、どの学年も工夫を凝らしたキャンペーンを展開していくことができました。特に盛り上がったのが、3年生が本部として活躍した「給食の食器をきれいに片付けよう」キャンペーンでし

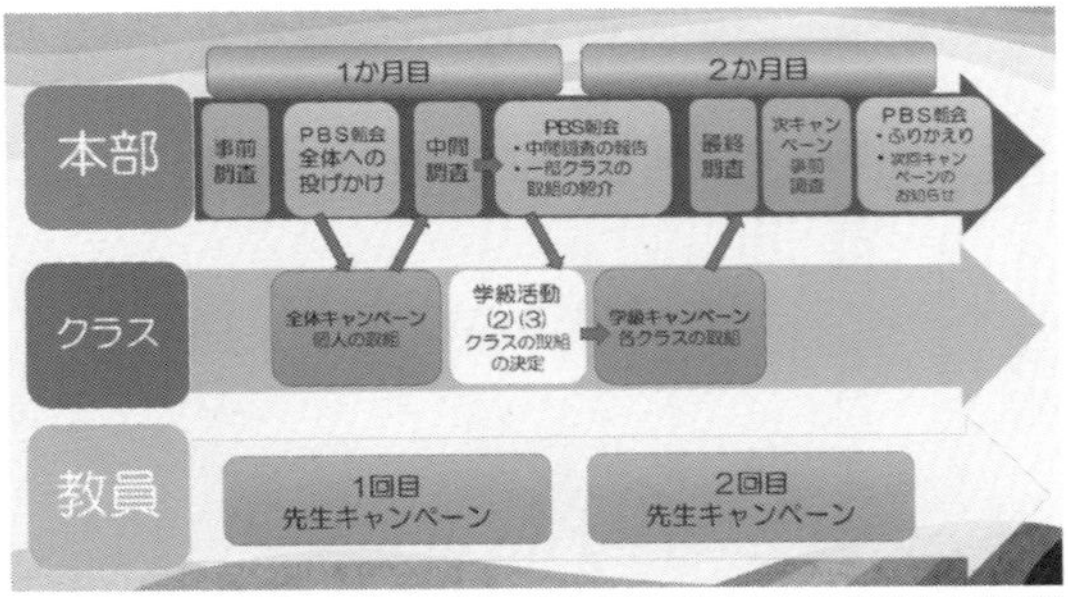

期間	キャンペーン内容	本部
4・5月	目を見てあいさつをしよう	児童会
6・7月	廊下は右側を静かに歩こう	6年生
9・10月	くつと上ばきのかかとをそろえよう 名札を見えるところにつけよう。	4年生
11・12月	友達のいいところを見つけて伝え合おう	5年生
1・2・3月	給食の食器をきれいに片付けよう	3年生

た。3年生は入学してからずっと高学年児童がキャンペーンを進める様子を見てきた学年であるため、流れはよく分かっていたものの、オンラインの接続の仕方や朝会の運営の仕方など運営面は初めての経験でした。そこで、6年生の力を借りることにしました。朝会の日には、フォローに入った6年生が3年生に優しく声をかけ、カメラのセッティングや画面の切り替えなど当たり前のように裏方の仕事をこなしていく姿が見られました。高学年から下級生にキャンペーンが伝承されていく瞬間でした。

全校キャンペーンが始まると、3年生のもつ発想の豊かさと行動力が大いに発揮されていきました。お昼の放送で食器をきれいに片付けるよう呼びかけたり、配膳室の表示をつくり替え、誰もがひと目で食器を戻す場所が分かるようにしたりと、一生懸命に取り組んでいる様子が見られました。

活動を進めていくうちに、児童自身で配膳室の食器を戻す場所が、食器を置きにくいこ

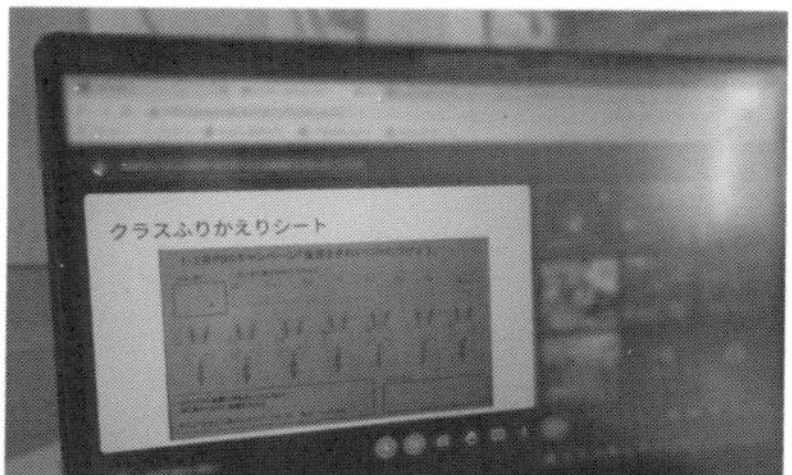

とに気付きました。そのままにすることもできたものの、3年生は「みんなが使いやすく」するために配置そのものを変えました。誰かが決め、今まで誰も疑問に思うこともないまま受け継がれてきた学校の仕組みを3年生の児童があっという間に変えてしまったのです。

もちろん、配置を変更するにあたり、配膳員に許可を得に行ったり、各学級に配置の変更をお知らせしたりするなど、取り組むことはたくさんありました。担当教員のサポートを受けながらではありますが、そのすべてを、自分たちでやり遂げることができました。「食器の戻し方」という些細なことではありますが、児童にとっては**キャンペーンを通して自分たちでより良い学校に変えていく、まさに課題解決型の「児童が主体のキャンペーン」**になってきたのです。

3年間の成果と継承の難しさ

キャンペーンが始まってから3年が経ち、本校の教育活動の1つとしてPBSキャンペーンは確かに根付きました。さらには、中学年以上の児童が本部としてキャンペーンを運営することができるまでに進化してきました。しかし、同じようなキャンペーンが毎年繰り返し行われていることで、なんとなく活動がマンネリ化してきたようにも感じられるようになってきました。

それだけでなく、キャンペーンのサイクルが軌道に乗ってきたこの頃、人事異動によって教員の顔ぶれも大きく変わることになりました。異動してきた教員のほぼ全員がPBSに初めて取り組むという状況で、かつ、教員歴の浅い教員も少なからずいる中で、キャンペーンをどのように進めたらいいのか分からないという話が聞こえてくるようになったのです。今まで積み上げてきたものをどのように共有し、バージョンアップしていけるのか、教員の研修についてや、持続可能にしていくための仕組みづくりについても考えていく必要が出てきました。

授業の中に位置付け、推進していける仕組みづくり（4年目）

2023年からは、本格的に各学年が本部としてキャンペーンを推進する形としました。また、総合的な学習の時間の年間指導計画に年間3時間（3年生は本部が2回設定されているため6時間）位置付け、学習の一環としてキャンペーンを取り入れるようにし、今まで休み時間を使って進めていたキャンペーン準備を授業の時間の中でできるようにしました。さらに、指導計画に位置付けているため、学年全員が本部として何かしらの役割をもって関わることができます。話すことが得意な児童は朝会担当として、絵を描くことが得意な児童は振り返りシートの作成担当として各自が自分の得意なことで活躍する場があるのです。

学級活動期間※の次の週は昼学習の時間に学級キャン

※学級活動の時間を生かしてクラスの取り組みを決める期間

期間	キャンペーン	本部
4・5月	目を見てあいさつをしよう	6年生
6・7月	予鈴が鳴ったらすぐに教室に戻り、次の授業の準備をしよう	3年生
9・10月	廊下を正しく歩こう（右側・歩く）	5年生
11・12月	友達の良さを見つけて、伝え合おう	4年生
1・2・3月	教室をきれいに使おう	3年生

ペーンの準備をする「学級キャンペーンウイーク」とし、1日15分×3日間で45分の時間が確保できるようになりました。十分な時間が取れるようになったこと、本部として全校を動かす経験を通して、他の学年に目を向けてクラスだけではなく学校全体に働きかける取り組みも、高学年を中心に見られるようになっていきました。

教職員へは、全教職員がキャンペーンを進められるよう、年度初めにキャンペーンについて全員で研修を行い、基本的なサイクルに関する内容や進め方を共有しました。夏には、教員研修の中でキャンペーンについて取り上げ、学級キャンペーンでどんな取り組みができそうか考え、アイデアを共有する時間をとることにしました。教員の中にも、「キャンペーンでこんなことをやったら楽しそう！」「やってみよう！」という気持ちが表れ始め、児童キャンペーンがさらに盛り上

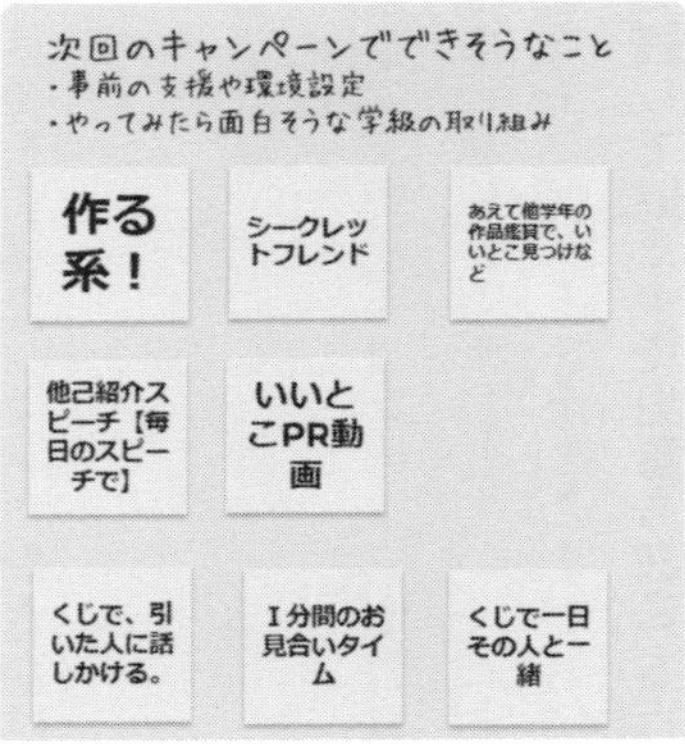
次回のキャンペーンでできそうなこと
・事前の支援や環境設定
・やってみたら面白そうな学級の取り組み
作る系！
シークレットフレンド
あえて他学年の作品鑑賞で、いいとこ見つけなど
他己紹介スピーチ【毎日のスピーチで】
いいとこPR動画
くじで、引いた人に話しかける。
1分間のお見合いタイム
くじで一日その人と一緒

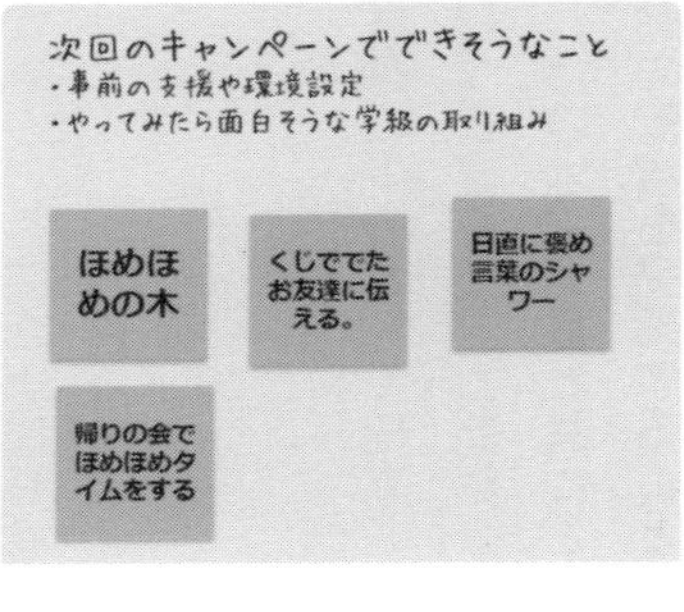
次回のキャンペーンでできそうなこと
・事前の支援や環境設定
・やってみたら面白そうな学級の取り組み
ほめほめの木
くじででたお友達に伝える。
日直に褒め言葉のシャワー
帰りの会でほめほめタイムをする

がるようになっていきました。教員のモチベーションや働きかけがいかに重要か実感させられた出来事です。

4年間の取り組みを通して

これらの4年間の取り組みを通して、児童キャンペーンが教育活動の1つとして確立され、定着してきました。全く何もない状態から形にしていくことは、正直なところ簡単なことではありません。しかし、児童キャンペーンがここまで進化したのは、**児童と共にどうしたらいいのか悩み、考え、実践していく中で児童も教員も行動の変容を実感することができたから**でしょう。

キャンペーンを取り入れる前は「学校のルールだから」「今月の生活目標だから」といった大人側の都合で行動目標が定められ、できていない児童に厳しく指導をすることが多くありました。しかし、それは結果として「できている児童」は当然であるとして誰にも目を向けられず、「その行動が苦手な子」ばかりが注目され、叱られて無理やりやらされているような、誰のメリットにもならない仕組みだったのではないでしょうか。

キャンペーンを継続して実施する中で、子供たちは自分なりの方法で自分やクラス、学校をよりよくしていこうとたくさんのことに挑戦してきました。ＰＢＳの目標行動を実行する上で第二・第三層支援が必要と考えられていた児童も望ましい行動に対する知識を得て、目標を達成するために自分にできることを考え、行動することが増えていきました。

さらに、この４年間で教員にも大きな変化が見られました。当たり前に望ましい行動ができる児童や、完璧ではなくても頑張ろうとしている姿、個々の小さな成長に目を向けようと意識するようになったことで、指導の在り方や児童への関わり方が自然と肯定的なものに変わっていったのです。

教員は子供たちにとって、重要な学習環境の１つです。ネガティブな指導よりもポジティブな指導が増えることは、児童の安心感に繋がっていきます。児童の課題に注目し、厳しい指導によって変えようとするのではなく、学校のシステムや教員の関わり方などの環境を見直していくことが重要だということを、ＰＢＳ児童キャンペーンから学ぶことができました。

次のページから、本校で実際に取り組んだ４つのキャンペーンの様子をご紹介します。

①くつのかかとそろえキャンペーン

プログラミング（４年生）

※人が通ると音声が流れ、靴そろえを促す

ポスター（３年生）

下駄箱の目につく場所にポスターを貼り、意識できるようにした

着ぐるみ呼びかけ（５年生）

学校のキャラクターの着ぐるみを着て下級生に靴そろえを呼びかける

オリジナルしきもの（２年生）

しきものの場所に靴を置くと自然にかかとがそろうようになっている

②あいさつキャンペーン

あいさつメーター（1年生）
自分が決めた目標を達成できたらシールを貼ってメーターをためる

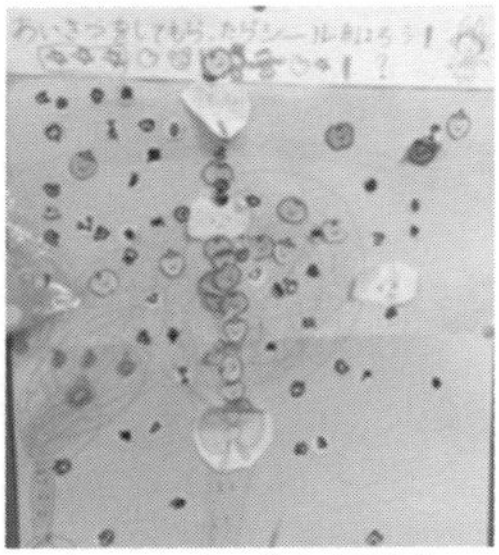

あいさつの木（2年生）
目を見てあいさつをされたらシールを貼る

あいさつ運動（6年生）
登校後、担当の場所で率先してあいさつを行う

あいさつ貯金（2年生）
ポイントにそったあいさつができたらおはじきを1枚自分のカップに入れられる

かんばん（3年生）
手づくり看板を持って、全校にあいさつを呼びかける

③いいところ見つけキャンペーン

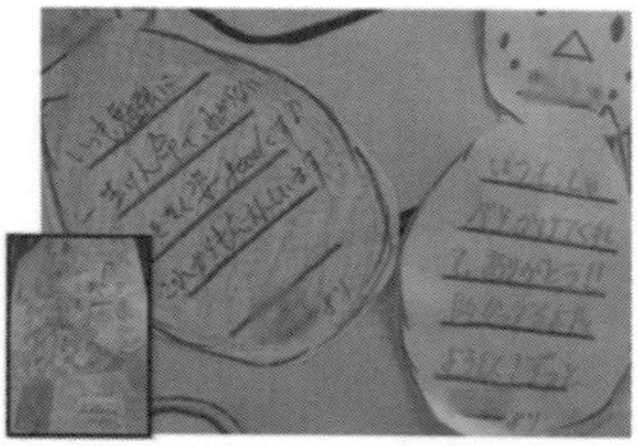

ほめほめクリスマスツリー（5年生）

友達のいいところを雪だるまに記入し、クリスマスツリーの飾りとして貼り付けていく

いいところコーナー（1年生）

カードを引き名前が書かれていた人のいいところを記入して掲示する

ほめことば辞典（3年生）

言われて嬉しい言葉を辞典として1冊の冊子にまとめる

なかよしポスト（2年生）

友達のいいところを葉書に書いてポストに入れると相手に届く

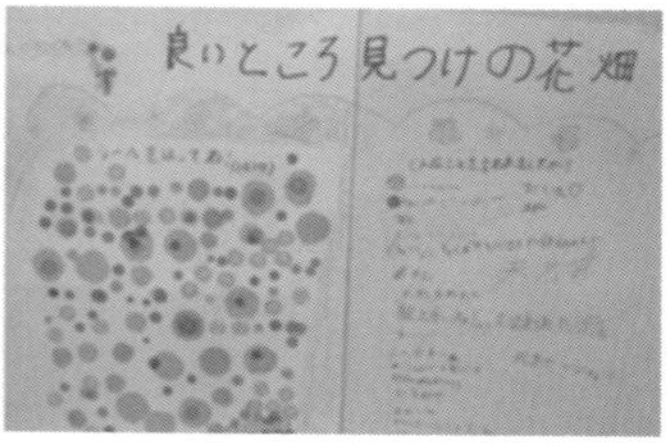

いいところ見つけの花畑（3年生）

褒められたらシールを貼り、右側に言われて嬉しかった言葉を書く

④廊下歩行キャンペーン

お手本動画（２年生）
正しい廊下歩行を伝える動画を作成した

信号機（特別支援学級）
廊下に信号機を設置。歩くことを意識できるようにした

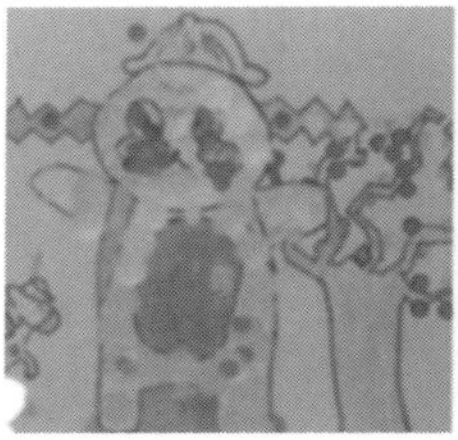

シールアート（３年生）
歩けたらシールを貼り、絵を完成させていく

できたね賞状（６年生）
廊下歩行ができている子に賞状を渡す。下級生の階にも担当が立ち、渡せるようにした

トリックアート歩行（６年生）
廊下の右側に浮いて見える矢印を作成し、右側を通ってもらえるようにする

ステッカー（２年生）
廊下の床の真ん中にステッカーを貼り、右側歩行を促す

4

スクールワイドＰＢＳにおける教員の取り組み

教師キャンペーンの進行

ＰＢＳ教師キャンペーン始動

教員もＰＢＳを「自分事」として取り組むために、児童キャンペーンと同時期からＰＢＳ教師キャンペーンを始めました。

２０２０年10月にはＰＢＳ推進チームが中心となり、「１日20回ほめよう」（下写真）という第1回目の教師キャンペーンに取り組みました。児童を褒めた回数を数えて、目標の20回褒めることができたら「よくできました」シールを台紙に貼っていくものです。キャンペーンを通して、意識的に児童を認めたり褒めたりしたことで、教員が児

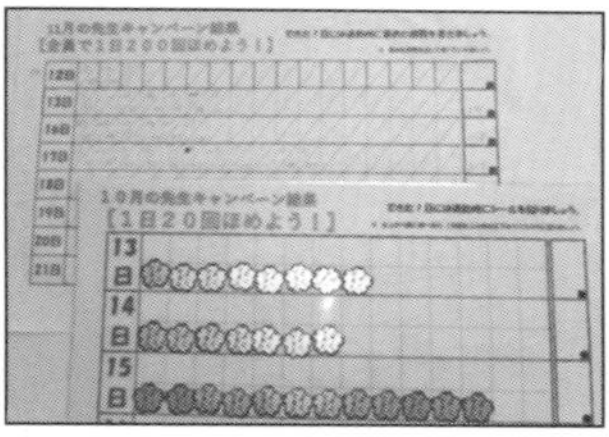

童の「行動」により目を向けるようになっていきました。また、児童キャンペーンの期間に合わせて教師キャンペーンを実施したことで、児童キャンペーンの目標に合わせた声かけや具体的な褒めの言葉を児童に伝えることができました。手探りで始めた教師キャンペーンでしたが、**児童の良さや行動の変容を引き出し、望ましい行動をさらに広げることに繫がった**ことで、教員側も大きな手応えを感じることができたようでした。

ＰＢＳ教師キャンペーンの実際

教師キャンペーンは、ＰＢＳ推進チームが中心となって始めました。しかし、進めていくうちにスクールワイド（学校全体）でＰＢＳを定着させていくには、全教職員がＰＢＳの実践を自分事と捉えることが大切だと考えるようになりました。そこで、全教職員で教師キャンペーンの運営を担当していく仕組みに改めることにしました。

具体的には、低・中・高学年、担任外、特別支援学級担当のブロック単位で運営を担当し、個人が負担を感じることなく、組織的に進めていけるようにしました。運営の担当は輪番制にし、全教職員がキャンペーンの運営を担ったことで、予想以上の効果を得ることができました。輪番によってキャンペーン担当が回ってくると、担当になった教職員それぞれが独自色を出し、工夫を凝らした楽しいキャンペーン内容を考えるようになったのです。

運営担当の具体的な活動

運営担当の活動を紹介します。まず、当月の教師キャンペーンの詳細を職員集会で事前に告知します。その後、取り組みの成果を可視化できる台紙を作成したり、ご褒美シールを準備したりします。実際にキャンペーンが始まってからは、途中経過を伝えてキャンペーンへの参加意識を高めたり、中間報告や成果報告を行ったりするなど、児童キャンペーン同様に自分たち自身が楽しみながら運営を進めていきました。

その後も様々な教師キャンペーンに取り組みました。初期の頃は「1日20回、子供たちを褒めたらシールを貼りましょう」「みんなで1日200回褒めましょう」という褒めの回数を意識する内容のキャンペーンでした。しかし、キャンペーンの回数を重ねていくうちに「今日一番の褒め言葉を書きましょう」という言葉の質を意識するキャンペーンや、「先生に褒められたらほめほめツリーにシールを貼りましょう」（次ページ写真）というように、子供たちに教員の活動を評価してもらうといったキャンペーンも生まれるようになっていきました。

教師キャンペーンを続けたことで、教員は意識して子供たちの望ましい行動や良さに目を向けるようになり、褒める回数も増えていきました。また、教師キャンペーンの担当を輪番制にしたことで、担任外の教員や児童キャンペーンを担当しない教員にもキャンペーンを担当する機会が得られ、ＰＢＳを「自分事」として感じにくいという課題も次第に解決へ向かっていくことになりました。

その一方で、これまで児童のことを認めたり、褒めたりすることを当たり前にできていると思っていたものの、実際に児童の行動変容に繋がる言葉かけや具体的かつ即時的に褒めることを実践するのは思いのほか難しいと感じる教員も出てきました。「褒めのレパートリーが少ない」「すぐに言葉が出ない」「具体的に褒めるとは？」など、「褒める」をさらにレベルアップさせていく研修の必要性を感じるようになりました。

「みんなでPBS」通信の作成

ＰＢＳを自分事にするための手立てとして、教師キャンペーンの他に「みんなでＰＢＳ」という通信を教職員向けに発行することにしました。

「みんなでＰＢＳ」通信には、教師キャンペーンの実践によって得られた、ＰＢＳ視点での子供たちに接するヒントや児童の行動変容に繋がる具体的な声かけや褒めの言葉、教師キャンペーンの取り組み内容、成果、振り返りなどが盛り込まれ、教師キャンペーンの実践記録とも呼べるものができあがりました。また、実践を可視化したことで、児童と教員両者の変容をみんなが実感することにも繋がり、キャンペーンの盛り上がりにも寄与することとなりました。

なお、作成した「みんなでＰＢＳ」通信は全員の目に触れるよう、職員室中央にある「ＰＢＳコーナー」（次ページ写真）に掲示することにしました。ＰＢＳコーナーには、行動目標設定表や今月のキャンペーン、キャンペーンカレンダーなど、ＰＢＳに関わる掲示物をはっています。喜沢小が常にＰＢＳを意識して教育活動を進めていることを象徴する場所でもあります。

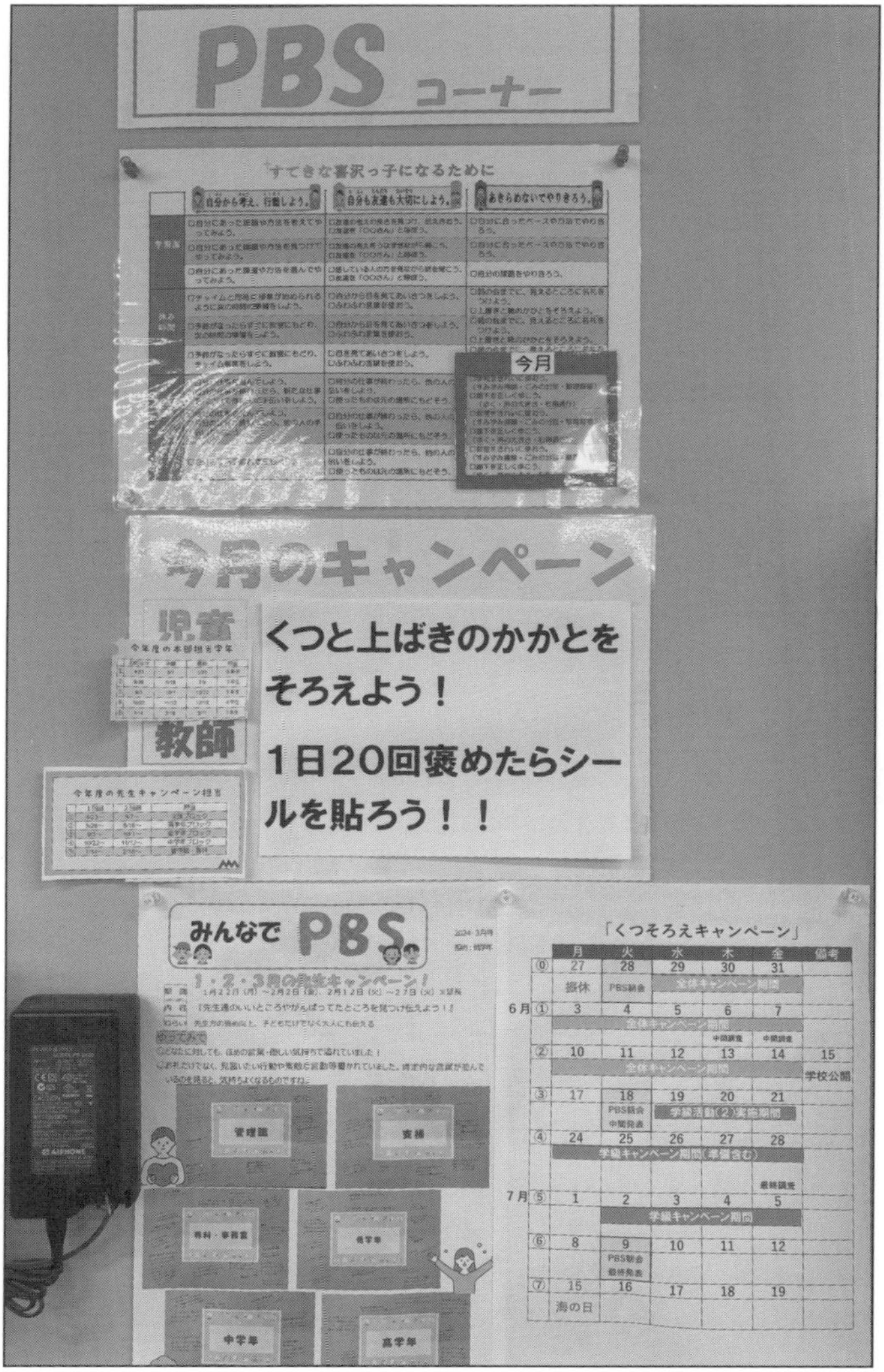
PBS コーナー
すてきな喜沢っ子になるために
自分から考え、行動しよう。
自分も友達も大切にしよう。
あきらめないでやりきろう。
今月
今月のキャンペーン
児童
教師
くつと上ばきのかかとをそろえよう！
1日20回褒めたらシールを貼ろう！！
みんなでPBS
管理職
中学年
高学年
「くつそろえキャンペーン」
月 火 水 木 金 備考
振休
PBS朝会
全体キャンペーン期間
学校公開
学級キャンペーン期間
海の日

「みんなでPBS」通信の実例

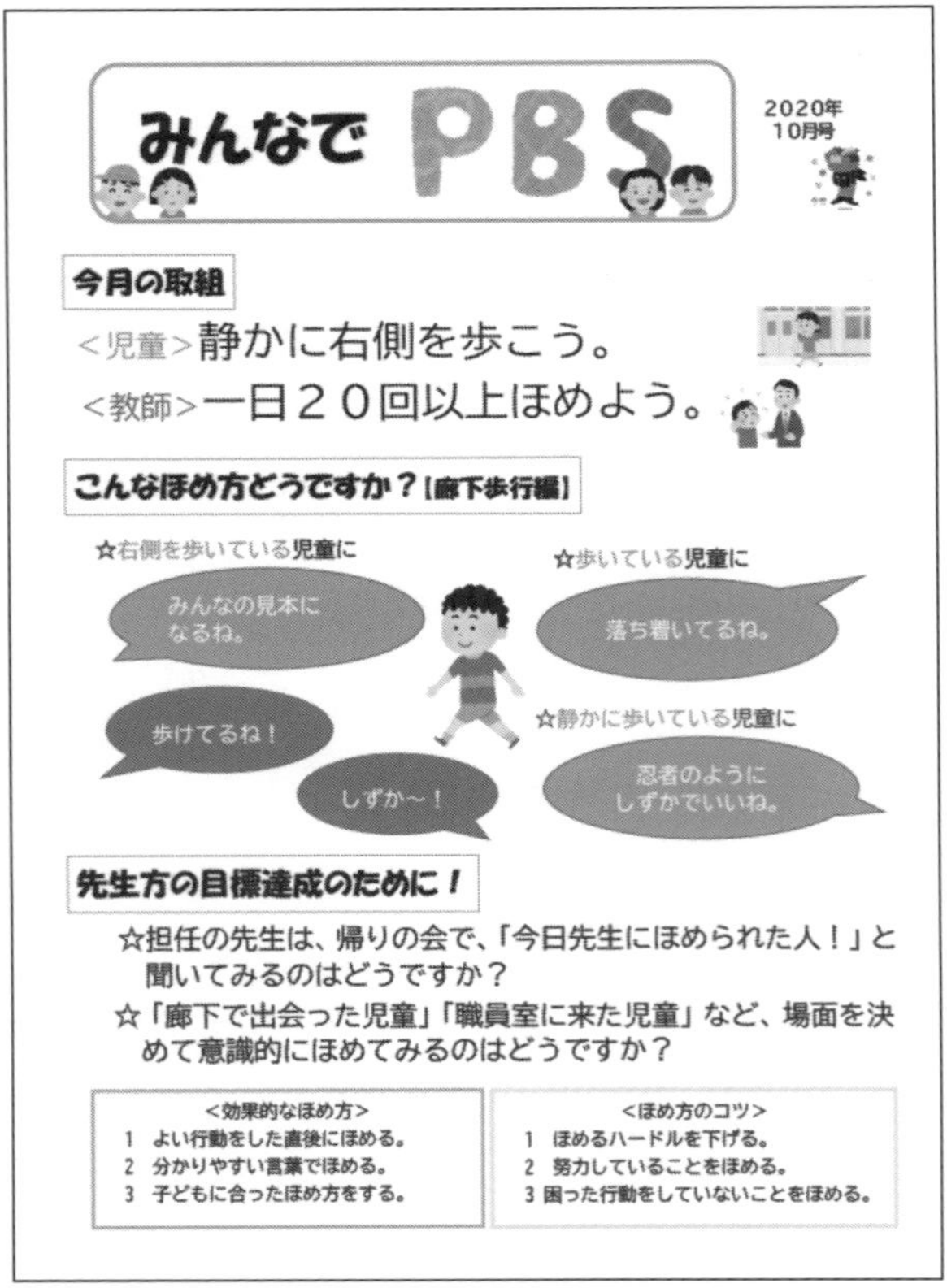

みんなでPBS

2020年
10月号

今月の取組

<児童>静かに右側を歩こう。

<教師>一日20回以上ほめよう。

こんなほめ方どうですか？【廊下歩行編】

先生方の目標達成のために！

☆担任の先生は、帰りの会で、「今日先生にほめられた人！」と聞いてみるのはどうですか？

☆「廊下で出会った児童」「職員室に来た児童」など、場面を決めて意識的にほめてみるのはどうですか？

<効果的なほめ方>
1　よい行動をした直後にほめる。
2　分かりやすい言葉でほめる。
3　子どもに合ったほめ方をする。

<ほめ方のコツ>
1　ほめるハードルを下げる。
2　努力していることをほめる。
3 困った行動をしていないことをほめる。

記念すべき第1号 PBS 通信

みんなで PBS

6月号
担当：大迫

4月の先生方のキャンペーン・結果！

<教師> 1日に15回以上ほめよう！

まずは意図的にほめることを意識するということで、教師キャンペーンを通して先生方はたくさんほめる場面をつくっていました。

大きいこいのぼり：15 回以上
中くらいのこいのぼり：10～14 回
小さいこいのぼり：5～9回

★今回のキャンペーンを通して、ほめることが「意図的」から「習慣」になっていくといいですね。

5月の先生方のキャンペーン・結果！

<教師> ほめことばのシャワーをあびせよう！

４月のキャンペーンを受けて、「どんな言葉でほめたのか」に重点を置き、１日の「ベスト オブ ほめことば」を書いていただきました。いくつかご紹介します。

自分たちでしずかにならべるようになってかっこいい！
まるでレストランのオーナーみたいだね！
あいさつの嵐だ！笑顔のあいさつ気持ちいい！
クラスのために動こうとするその気持ちがすばらしいよね。
いいところを見つけられるあなたがスバラシイ！

★先生方のほめことばを参考に、児童のやる気・自己肯定感の向上に繋がるほめ方をしていけるといいですね。

4・5月キャンペーンの結果を6月号で公開

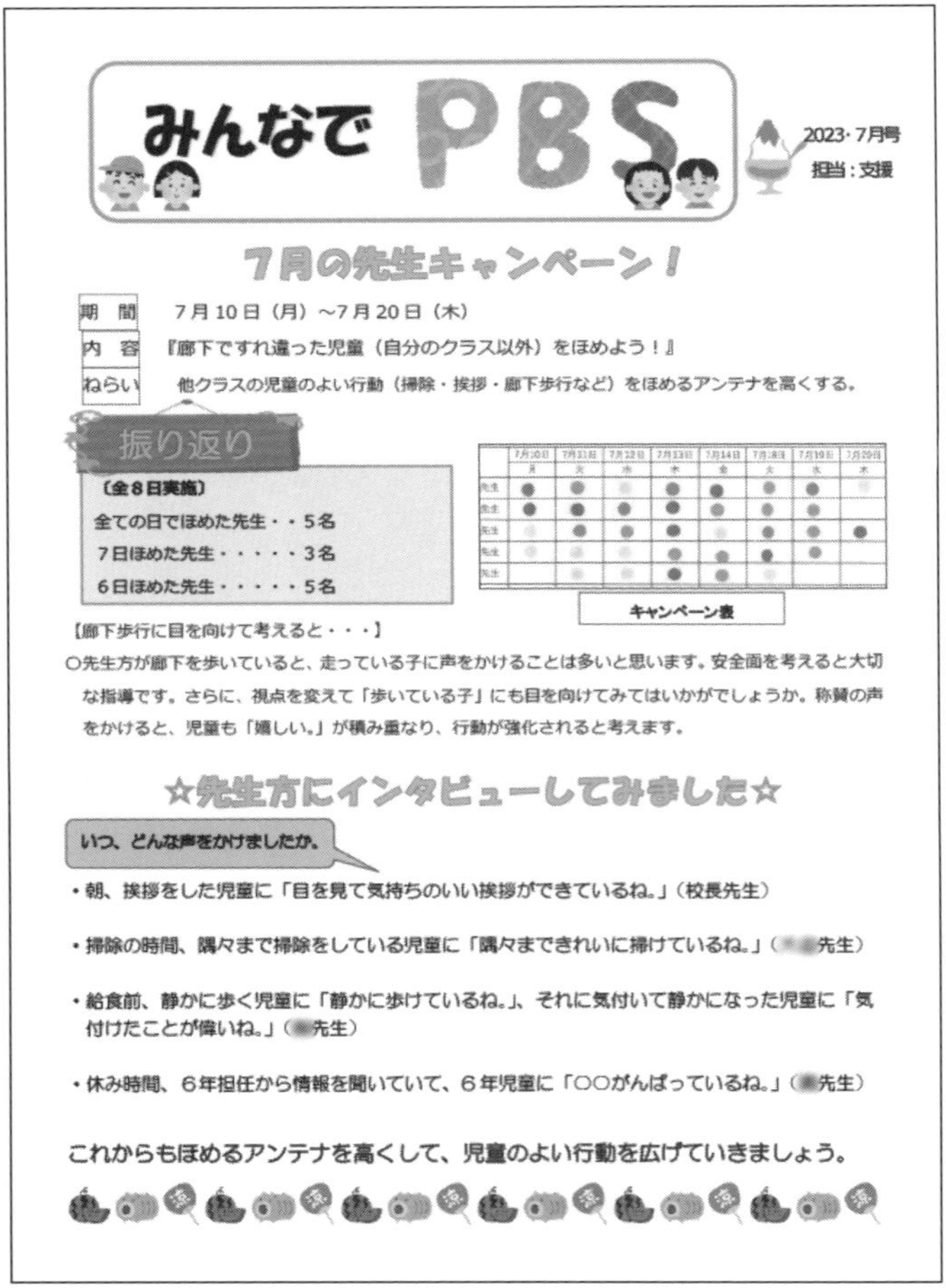

みんなで PBS

2023・7月号
担当：支援

7月の先生キャンペーン！

期　間	7月10日（月）～7月20日（木）
内　容	『廊下ですれ違った児童（自分のクラス以外）をほめよう！』
ねらい	他クラスの児童のよい行動（掃除・挨拶・廊下歩行など）をほめるアンテナを高くする。

振り返り

〔全８日実施〕
全ての日でほめた先生・・５名
７日ほめた先生・・・・・３名
６日ほめた先生・・・・・５名

	7月10日 月	7月11日 火	7月12日 水	7月13日 木	7月14日 金	7月18日 火	7月19日 水	7月20日 木
先生	●	●	●	●	●	●	●	●
先生	●	●	●	●	●	●	●	
先生	●	●	●	●	●	●	●	●
先生	●	●	●	●	●	●	●	
先生		●	●	●	●	●		

キャンペーン表

【廊下歩行に目を向けて考えると・・・】
○先生方が廊下を歩いていると、走っている子に声をかけることは多いと思います。安全面を考えると大切な指導です。さらに、視点を変えて「歩いている子」にも目を向けてみてはいかがでしょうか。称賛の声をかけると、児童も「嬉しい。」が積み重なり、行動が強化されると考えます。

☆先生方にインタビューしてみました☆

いつ、どんな声をかけましたか。

・朝、挨拶をした児童に「目を見て気持ちのいい挨拶ができているね。」（校長先生）

・掃除の時間、隅々まで掃除をしている児童に「隅々まできれいに掃けているね。」（先生）

・給食前、静かに歩く児童に「静かに歩けているね。」、それに気付いて静かになった児童に「気付けたことが偉いね。」（先生）

・休み時間、６年担任から情報を聞いていて、６年児童に「○○がんばっているね。」（先生）

これからもほめるアンテナを高くして、児童のよい行動を広げていきましょう。

キャンペーン内容の振り返り

4 スクールワイドPBSにおける教員の取り組み

校内研修のアップデート

教員の取り組み　校内研修

ＰＢＳ教師キャンペーンや「みんなでＰＢＳ」の発行を通して、教員が児童の良さや行動の変容を意識的に見つけ、見つけた良さをさらに広げていくなど、多くの教員がＰＢＳを自分事として捉えて実践できるようになっていきました。しかし、その一方で実践を重ねていくうちに、「褒める」をさらにレベルアップさせていく必要があるとの課題も見えてきました。また、学校生活の大半を占める授業の中でＰＢＳをどう実践していくのか、という声も聞こえてきました。スクールワイドＰＢＳをさらに進化させていくために、全員で校内研修や研究授業に積極的に取り組むこととなりました。

スクールワイドＰＢＳに関わる校内研修は導入当初から定期的に実施し、当初は理論的な研修や３つの大切・行動目標設定表の策定、キャンペーン実施計画の作成などが主でした。それが次第に、実践を進めていく中で生まれた疑問や課題について協議するようになっていき、解決策を見出して取り組みをブラッシュアップさせ、それを検証してさらなる改善に繋げていくという**課題解決型の研修**へと変わっていきました。

導入初年度となる令和２年度は、「そもそもＰＢＳとは？」から始まり理論研修や褒め方等の研修に取り組みました。第１回目の研修は忘れもしない新型コロナウイルスによる全国一斉休校期間中でのオンライン研修でした。スクールワイドＰＢＳの基本となる「褒めて、認めて、育てること」や「行動とは何か」について、野口氏と前川氏から講義を受け、休校明けにＰＢＳを全教職員で実践していくことの共通理解を図りました。

さらに、その後も児童キャンペーンの具体的な目標と実施計画書を作成する研修を実施し、行動目標やその行動を学ぶ理由、指導の方法、褒め方、行動ができたことを可視化する方法などを、実際の教育活動の場面を想定しながら具体的に考えていきました。この研修に時間をかけて取り組んだことで、休校明けの児童キャンペーンで児童の主体的な行動が全学年で見られることになり、ＡＢＣ分析に基づいた教員の指導力支援力向上という効果も実感できました。

令和３年度からは実践的な研修を増やしていきました。「褒める」をテーマにした「ほめほめティーチャー研修」では、ペアレントトレーニング※でも実践されている「ハードルを下げて褒める」「行動が変容したらすぐに褒める」「その子に合った褒め方で褒める」ことなど「褒め」の質を高める研修に取り組みました。褒める回数を増やすだけではなく、「褒めるための環境を整えること」や「分かりやすい指示を出すこと」「行動が変容しなくても児童の良さや頑張りを見つけ、認め、褒めることを積極的に行うこと」など、褒める技術を磨いていくことの大切さに改めて気付かされました。

また、公開授業や授業研究会に力を入れ、授業におけるＰＢＳについても回を重ねるごとに研究の深みを増していきました。

特別支援学級の体育の授業研究会では、児童個々に合った声かけや声かけの数、環境設定の在り方など多くのことを協議し、教員間の褒める視点の差を埋めることで、「褒める」ことについての共通理解を深めることができました。また、授業参観の視点を明確にしたことで、これまで以上に褒めのタイミングや褒めの言葉の引き出しを増やすことに繋がっていきました。

※保護者や養育者を対象とした家族支援アプローチ

研究協議では、野口氏、前川氏から「褒めることについての環境整備」「教科のねらいにせまる効果的な褒めのタイミングや褒め方」「集団での学びの良さ」について講義を受け、児童主体の学びをＰＢＳの視点で捉え直していきました。

今後は、授業の中での児童の行動から、その行動が何を意味しているのか分析することや多角的に行動の意味を考え、望ましい行動に繋がる支援内容を検討することについて取り組んでいくこととしました。授業の中での行動を分析し、行動の意味や原因を探ることが児童への適切な支援に繋がると考えたためです。

研究協議の様子

教員自身の褒めの傾向を知る

研究を進めていくうちに、我々教員は授業の中でただ認めて褒めるだけではなく、授業の目標に繋がる褒め方、学びが深まる褒め方をさらに磨いていく必要性を感じるようになりました。

そのために、授業の中での教員の褒めの傾向を測ることで、効果的にＰＢＳを実践していくための研究を始めていきました。

まず、教員が互いの授業を観察し、褒めの回数や褒めの対象、褒めのタイミングなどの傾向を測定します（下グラフ）。自分の褒めの傾向を知り分析することで、「個への褒めの回数が多い」、「行動が起こったらすぐに褒めることが多い」「抽象的な褒めの言葉が多い」などの傾向を知ることができます。自分の褒めの傾向を知ることで、褒めに関する課題も明らかになっていき、

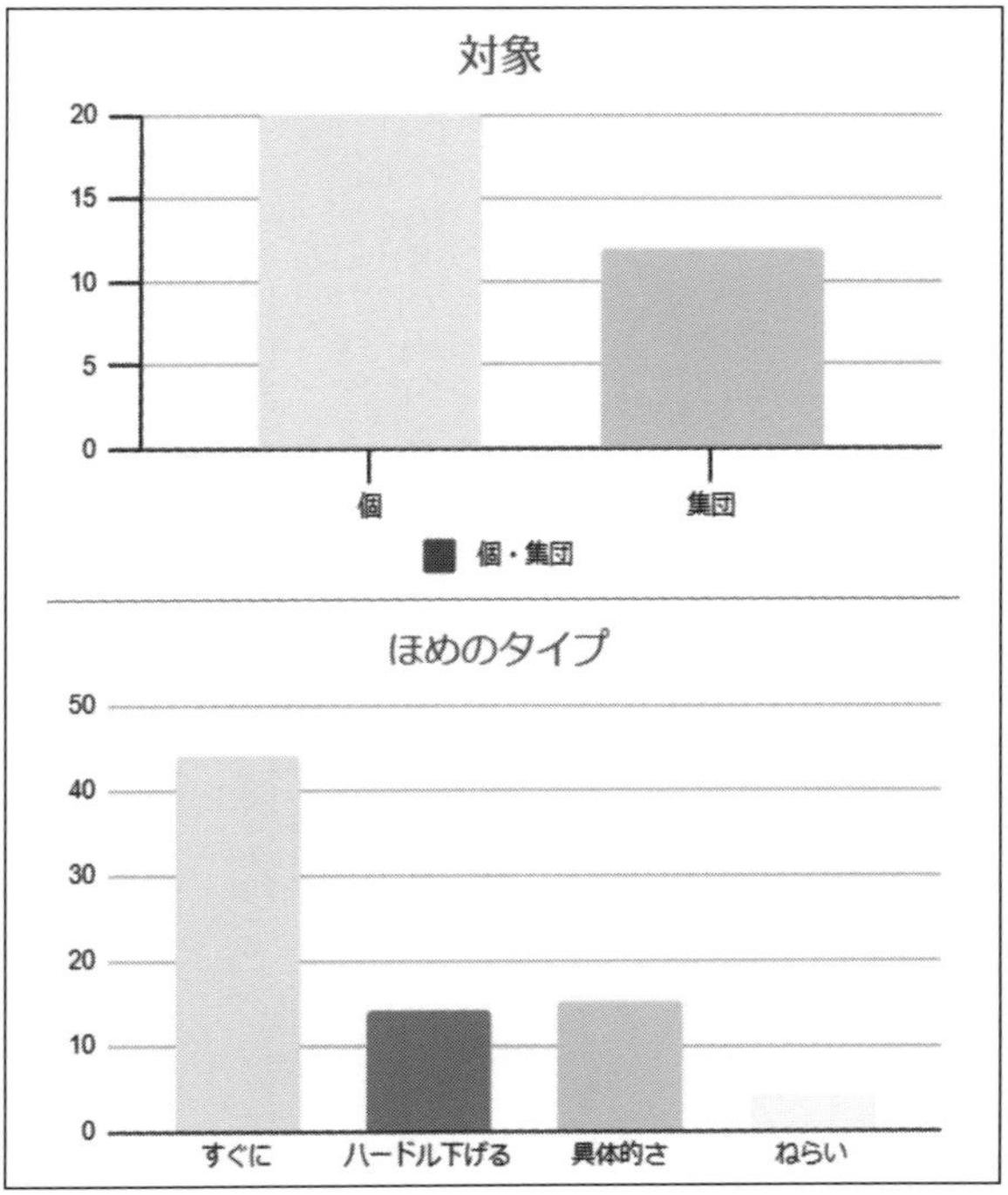

具体的な声かけやアドバイスなど、児童の行動変容に繋げるための、褒めのタイミングと言葉について考える機会となりました。ここから、褒めの量と質の向上に取り組むきっかけとなっていきました。

授業の中でのPBS（多層型支援）

この流れを受けて、本校では授業におけるPBSの実践に向け、PBSの視点を取り入れた独自の指導案（次ページ図）を作成することにしました。

ABC分析に基づき、B［目標］を生み出すためのA［事前の支援］と望ましい行動を強化するためのC［事後の支援］を具体的に記載することで、授業におけるPBSの視点が明確になり、教員自身もPBSの考え方を意識的に生かしながら授業を進められるようになっていきました。

第1学年1組　「算数科」学習指導案略案(PBS)

令和4年12月8日

1　単元名　「ひきざん」

（1）本時の目標

・11〜18から1位数をひく繰り下がりのある減法計算で、減数を分解して計算する方法（減々法）があることを知り、計算の仕方についての理解を深める。

（2）本時の展開

時間	学習内容	事前の支援（A）	目標（B）	事後の支援（C）
導入 10分	1　あいさつをする 2　問題を知り、減加法で計算する。	環 イラストを動かす時に意図的に指名をする。 教 ノート計画を予め渡し、書く量を減らす。	[3層] 問題に興味を持つ。	動 賞賛の言葉やハイタッチをする。 言 書こうとしている姿勢を賞賛する言葉かけ。
	3　課題をつかむ。	環 既習事項の掲示 教 イラストを用意し、興味を持てるようにする。 教 イラストを動かせるようにして、食べ方の違いに気付けるようにする）	[2層] 立式をして課題を知ることができる。 [1層] 立式をして、前時との違いを見つけることができる。	言 減加法で計算しようとしていることを褒める。 言 前時までの学習と結び付けていることを褒める。 言 児童の発言やつぶやきを拾って褒め、広める。
	㋕12－3のけいさんのしかたをかんがえよう。			
展開 20分	4　計算の仕方を考える。	環 個別に一緒に考える時間を設ける。 教 いくつか考え方の選択肢を示して選択させる。（ブロック、ノート、暗算） 環 どんな方法が使えるか共有し見通しを持たせる。 環 既習事項の掲示 環 ヒントタイムを設ける。 言 机間指導の際に個々に声をかける。	[3層] 12－3の計算をしようとしている。 [2層] 12-3の計算の仕方を考えようとしている。 [1層] 12-3の計算の仕方を様々な方法で表している。	言 頑張ろうとしている過程も褒める。 動 考えを認め、紙を渡す。 言 考えようと挑戦していることを褒める。 言 様々な方法で考えようとしていることを褒める。 教 考えを分かりやすく整理できている子に紙に書く権利をわたす。
	5　考えを全体で共有する。	言 発表する時に、戸惑っていたら横で助言をする。	[3層] 教師の問いかけに答える。 [1・2層] 友達の考えの良さや違いを見つけている。	言 発表できた子や友達の考えを集中して聞けている子を褒める。
終末 15分	6　まとめをする。 7　適応問題に取り組む。 8　振り返りをする。	環 できた子がミニ先生となって教える。	[3層] 適応問題を解くことができる。 [1・2層] 減々法で問題を解くことができる。	言 丸をつけながら、頑張ったことやできたことを褒める。

※　言→言葉　環→環境　動→動作　教→教具・教材

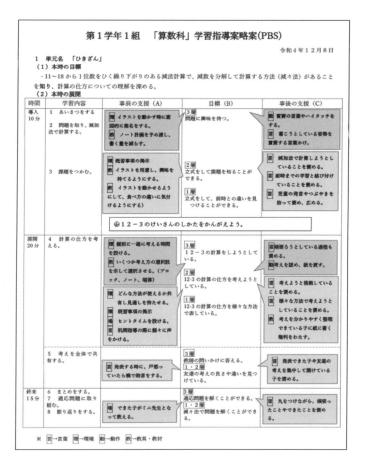

ＰＢＳの視点に基づいた研究授業は、これまでに4年生の社会、３年生の理科、２年生の生活、特別支援学級の教科別の指導国語、1年生の算数で実施してきました。ここでは特に、１年生の算数の授業について詳しく紹介していきたいと思います。

１年生の算数の授業では、ＰＢＳの視点を大切にした授業を実施するにあたり、多層型支援の考え方を基にした手立てや評価の仕方を研究することにしました。単元の指導計画や教材の研究を進めていくにあたり、「ＰＢＳの視点を大切にした授業とは？」「三層それぞれにおいて個別最適な学びをどう創るのか？」など、多くの課題に担当教員が悩みながらＡＢＣ分析を取り入れたカリキュラムデ

１年生　算数科研究授業の様子

ザインに取り組んでいきました。各層ごとの声かけや環境整備など、児童の特性や実態に即した手立てを講じたことで、授業では児童各々が自分に合った学びを選択し、どの児童も主体的に学びに向かう姿が見られました。また、児童の学びを深める教員のファシリテートの在り方や方法など、その後の喜沢小の軸となる、ＰＢＳの視点に基づいた個別最適な授業の方向を提案する研究授業となりました。

研究授業後の協議会では、野口氏から「授業をＡＢＣ分析に基づいて考える」「学び手の反応を見ながら手立ての検討と修正をする」視点について講義を受け、「通常の学級における多層型支援の有効な手立て」について全員で協議し、研究を深めることができました。

校内研修や研究授業を重ねたことで、ＰＢＳを基盤とした授業改善や学級経営力の向上に繋がりました。ＰＢＳキャンペーンや校内研修、研究授業等に取り組んだことが、児童のみならず教員側にも行動変容が起こるきっかけとなり、学校全体にＰＢＳが浸透することとなっていったのです。

スクールワイドPBSを導入する上でのポイント

野口晃菜

①推進チームの結成

スクールワイドPBSを導入するにあたっては、まず学校においてスクールワイドPBSの導入を推進する推進チームの結成が最初のステップです。スクールワイドPBSは特別支援教育にも生徒指導にも関わるため、両方の担当者がメンバーの一員になることをおすすめします。

②「なぜ導入するのか」の共通認識

次のポイントは、全職員での研修などを通し、スクールワイドPBSの基本的な理解を進めると共に、なぜスクールワイドＰＢＳを導入するのかについて、先生たちが共通認識をもつことです。喜沢小学校においては、「すべての児童が『学校生活が楽しい』『学びが楽しい』と言える学校」が最上位目標です。スクールワイドＰＢＳはあくまでも手段であるため、「スクールワイドＰＢＳがどこに向かうための手段なのか？」を明らかにしましょう。

③３つの大切と行動目標設定表作成は全員で

喜沢小学校では、３つの大切と行動目標設定表の作成について、とても丁寧なプロセスが踏まれました。まずはすべての教職員で、大切にしたいことを言語化し、それを推進チームがまとめ、子供たちにとって分かりやすい言葉で説明がなされました。さらに子供たちの提案も含めた形で素案がつくられ、どんどんとブラッシュアップがなされました。

教職員と子供たち、みんなが「この行動は本当に大切だ」と思える行動にすること、そしてそれを誰にとっても分かりやすい言葉で表現すること。どんなに時間がかかったとしても、このプロセスを丁寧に踏むことがポイントです。

喜沢小学校
座談会①

ＰＢＳ導入の経緯と展開

座談会参加者

野口　晃菜　一般社団法人ＵＮＩＶＡ理事
前川圭一郎　白梅学園大学非常勤講師
藤本　恵美　埼玉県戸田市教育委員会
手塚　浩　戸田市立戸田第二小学校　校長
（前戸田市立喜沢小学校　校長）
伊藤　裕二　戸田市立喜沢小学校　教頭
岡田　悦子　戸田市立戸田東小学校　教諭
（前戸田市立喜沢小学校　教諭）
中村　和絵　戸田市立喜沢小学校　教諭
横地　真央　戸田市立喜沢小学校　教諭
細田　祥代　戸田市立喜沢小学校　教諭

ＰＢＳを導入した当時の感触は？

野口　まず、導入時のことを伺いたいと思います。なぜ、初めにスクールワイドＰＢＳ（以下ＰＢＳ）を導入しようと思ったのか。そして導入時の皆さまの感触がどうだったかを聞いてみましょう。まずは校長先生、いかがでしょう。

校長　私はこれまで特別支援学級の担任の経験も、指導に携わったこともありませんでした。この学校に来る前は市の教育センターにいて、そこで野口さんと知り合う機会を得ました。その、教育センター所長時に、戸田市の戸ヶ崎勤教育長から「特別支援教育の産官学連携が進んでない」という話がありました。そこから、当時ＬＩＴＡＬＩＣＯにいた野口さんからいろいろな話を聞いて、特に「障害は社会の側にある」という今までにない価値観を学びました。そこから、個の障害よりも、環境要因を考えるようになりました。

　その後、平成31年度に喜沢小学校に着任しました。当時、教職員は本当に一生懸命子供に向き合っていましたが、問題が発生すると「個人の特性」にその要因があると結論付けていたように思います。それを周りの環境や教職員も含めた学校全体の視点で、子供の支援方法を考えるようになったのが1年目でした。特に、教員の「威圧」「大声」に違和感がありましたが、その時はそうした「学校文化」をどう変えればいいのか分かりませんでした。そのタイミングで野口さんに相談をして、「ＰＢＳ」を教えてもらい、導入を決断したのがきっかけです。

野口 ありがとうございます。導入当時、横地先生もいらっしゃったと思うのですが、最初の研修やＰＢＳの話を聞いて、どうでしたか？

横地 正直、またカタカナの新しいことかと思いました（笑）「褒める」といっても、当時は学級に配慮が必要な児童が多くいたし、非常に大変な状況で…。どうしても悪いところに目を向けてしまっていました。最初は「褒めて伸ばす」が大変だったけど、やってみようと思って意識してから、子供の学びに向かう様子とか、少しずつですが明らかに変化が見られるようになりましたね。

藤本 私も当時から学校によく足を運んでいましたが、「まず、褒めよう」を実践されたのが横地先生だったと思っています。そのクラスにいた「特性の強いあの子が変わった」ことがきっかけになって、学校全体に広がったんじゃないかな、と。

横地 そうですね。その子自体もそうですし、周りの子も変わったな、という実感でした。

野口 初めは「またカタカナ…」って思ったということですが、それを「やってみよう」と思えたきっかけっていうのはありましたか？

横地 その時、岡田さんが全体研修でとても分かりやすく説明してくれて、「やってみよう」と思ったんですよね。

岡田 私は研修のことは全然覚えてないんですけど（笑）私も導入当時は「ん？」って思う気持ちはあったけど、でも「褒める」は大事だなと思っていたし、あとは前川さんがしてくださった研修[ii]がすごく印象的だったんですよね。子供の行動の捉え方で、「〜ない」って言わない、っていうの。その研修をきっかけに納得して腹落ちしたから、それを他の先生にも伝える時間を設けました。

野口 そうやって、岡田先生が先生達にとって分かりやすい形で改めて伝えてくださったこと、本当にありがたいです。専門家はどうしても分かりづらくなりやすいので…。教頭先生はどうでしたか？

教頭 僕自身は、「お、なんか面白そうなものが来たぞ」と思いました。ただ、やっぱり学校全体だと、その時の生徒指導担当の先生とかはやっぱりカタカナや英語が入ってきて、ちょっと複雑に見えるという印象もあったみたいです。

野口 なるほど、やっぱり最初の印象はそうだったんですね。細田先生は異動されてきたタイミングがちょうど導入の1年目だったと思うのですが、いかがでしたか？

細田 私は、皆さんとはちょっと違う印象で、もともと「叱ること」が得意なタイプではなかったので、「ＰＢＳ」は共感できたんですよね。「今までやってきたことをもっと強化していけ

る」と思って。言われていることに納得できて、分かったと思いました（笑）

校長 あとは、導入当時の2020年はコロナ禍で全国一斉休校の時期でした。今振り返ってみると、子供たちがいないあの特殊な環境の中で、「不安や辛い状況の子供たちをどう迎えてあげたらいいだろうか」という思いとPBSの考え方が合っていたな、って思います。先生たちもそこを意識して、一生懸命研修に取り組んでくれました。

野口 なるほど、十分に話し合う時間をとれたというのも大きかったですかね。

中村先生は、今年異動されてきて1年目が終わったところということで、PBSに初めて取り組んでみてどうですか？

中村 私も例に漏れず、「この学校では『PBL』をやってて『PBS』もやってる」って言われた時に、「？」から始まりました。「叱らないで褒めて育てる」みたいなイメージで、自分の指導スタイルに合わないかなとも思いました。「叱る」ばかりやってきたわけじゃないけど、叱ることも大事な指導の1つだと考えていたので。

でも、研修に携わる中で、「決して叱っちゃいけない」ではないというところで納得できました。今でも理解は完全ではないのですが、「やってみたいな」「上手くいくんじゃない？」と思っています。ただ、やっぱり異動などもあって創設期のメンバーがいなくなっていく中で、形骸化してしまわないかという点は心配ですね。

実践を進めてきて、今の印象は？

野口 導入期のお話、ありがとうございました。続いて、実際に実践を進めてきて皆さんの印象がどう変わったか、取り組んできた後での印象を伺いたいと思います。先ほど、子供の様子が変わったとおっしゃっていた横地先生、いかがですか？

横地 私は、ちゃんと理解するのに時間がかかったんですが…、分からないなりにいろいろ実践してきて、子供が変わっていくことを実感してきました。「子供一人ひとりのこういうところを伸ばしたい」「だからこういう手立てが必要だ」というのを考えながら進めていく中で、「個別最適な学び」との関連も見えてきて、少しずつ良い印象になってきています。

教頭 確かに、学びの支援を三層で考えられるようになってから、PBSと学習がリンクし始めましたよね。先生たちはどちらかというと学習に重点を置いているので、「あれ、どっちも同じ構造だね」と先生たちが実感できてから子供たちも伸びたように思います。

野口 なるほど。ABC分析の「A」の部分が、先生方ご自身の中で、「個別最適な学びこそがAなんだな」というふうに繋がったという印象ですね。

他の先生方はいかがでしょうか？

岡田 この学校に来た当初は、例えば子供たちの行動がすごく制限されてたりとか、今じゃ考えられないけど名札を付けてない人を全校朝会で確認したりとか、かなり「枠の中に子供を入れる」意識の強い学校だったと思います。そこにひまわり（特別支援学級）ができて、私も枠の中にどう入れていくかというのを考えながら1、2年過ごしちゃったけど…。

一方で、この学校は以前から特別活動をすごく一生懸命やっている学校なんですよね。だから、子供たち自身で意見が言えるみたいな良さがすごくあった。その素地があったのは、PBSの導入にすごくよかったんじゃないかなと思っています。

野口 他の学校だと先生主導でPBSを進めている学校が多いですが、喜沢小学校は特別活動が土台にあったからこそ、今も子供主体でPBSに取り組めている気がしますね。

細田先生はいかがですか？

細田 振り返って考えると、今では子供たち自身で回しているので1年目の負担感と比べるとほとんど負担はないですね。

あと、さっきの横地さんの話の通りで、授業とか学習でもPBSを生かして考えるようになって、その2つが繋がったことで「特別感」がなくなったように思います。

野口 先生ご自身の授業や学級経営の変化はありましたか？

細田 うーん、今まではノリとテンションでやってきたんですけど（笑）自分の行動が子供の行動の因子になっていたことなどに気付けるようになったし、何か起こった時に分析するようになりました。日頃から「ＡＢＣ」を意識して使って、進められています。

野口　ありがとうございます。中村先生は、今年度初めて取り組んでみてどうでしたか？

中村　まだ理解中なのですが、「学びの中のＰＢＳ」っていうのは「あ、今までもやってたことだな」って思いました。それを言われて、意識的にやるようになったかなぁ。

　あとは、子供との関わりでいえば、ＰＢＳを知ってから「頭ごなしに何かをする」ということが減りました。なんでこうなったのかとか、子供から話を聞くようにしてますね。以前は、反抗する子が多かったけど、教師側が話を聞くスタンスになると反抗自体が減りますよね。何かだめなことがあった時の指摘も、子供が素直に聞くことが増えてきました。

先生たちの意識はどう変わっているのか？

藤本　私からも質問です。授業を見ていると、障害特性がある子への細田先生の声かけが、優しくてマイルドだけど具体的になっていると感じるんですよね。でも、先生たち自身はあまり自覚がなさそうで、気付いていることでもないと思うんですが、先生たちが無意識のうちに変容しているのがどうしてなのかなと気になって…。

野口　なるほど、確かに先生向けのキャンペーンとかで、先生自身が変わるような仕掛けを、たぶん校長先生も意識してされているような気がします。校長先生としては、そのあたりどうでしょうか？

校長 細田さんはもともと学級経営が上手いですよね。見に行くと、子供が過ごしやすいクラスで、信頼されているのも分かります。子供たちが納得できるルールがあって、それを守っている子への称賛が上手。自分では気付いていなくても、土台にはＰＢＳとして取り組んできたことが役立っている気がします。

学校全体で考えると岡田さんの子供への接し方をＰＢＳのモデルにしたいと考えました。ひまわり学級の子供はいつもすごくポジティブで、他者に寛容で互いを思いやる言動が見られました。この学級の雰囲気を通常の学級にも広げたいと思い、ひまわり学級の取り組みと学級の様子を研修や集会でよく取り上げていたように思います。

野口 なるほど、そういう意味では先生方のもともとの強みに、ＰＢＳが生かされていったような気がしますね。

教頭 そうですね。細田さん、本当に上手なんですけど、その上手さがＰＢＳの考え方を使うと整理され、見える化されていくじゃないですか。そうすると他の先生方への再現性も上がるし、研修などで共有ができるっていうのも１つの要因になってますよね。

野口 「この先生だから上手くいっていた」ということは学校だとよくありますが、それが言語化されていくという点においてもＰＢＳを活用できるということですね。

これまで学校での取り組みに伴走されてきた前川先生から、何かご質問はありますか？

前川 私としては、そもそもこんなにきれいにPBSを受け入れてくれた学校って他にないなという思いがあります。行動をABCという枠組みで考えることは、すごく独特な考え方だと思うのですが、先生方はABCで考えていくことのハードルの高さや、使ってみて「ここがよかった」という意識はありますか？

横地 私は、授業のつくり方が変わったなと思っています。Bを達成するためにAを考える。それを通していくことで子供たちがさらにポジティブになったなと思っています。アンケートで、90％近くの子供が「授業が分かる」と回答してるんですよね。友達が助けてくれるっていう子も90％近くいて、結果に繋がってきている気がします。

野口 横地先生、6年生の担任ですよね？　よく、PBSの話をすると「高学年だと絶対上手くいかないよ」というのは言われるんです。高学年を担当する先生ほど抵抗感が強い方が多い印象ですが…、何が違うんですかね。

校長 私から見ると、横地さんの姿勢からしてすごく変わったと思います。横地さんは本当に、息をするように褒め言葉が出てくる。そういうのを受け取っている子供たちが笑顔にならないはずがないですよね。

野口 学級の90％以上の子が「褒められてると感じる」ようにするのって大変だと思うんですが、

コツや工夫はありますか？

横地 喜沢小学校では特別活動がベースにあること[iii]で、子供たちが素直で、お互いに認め合う土壌があるような気がしますね。

校長 私は、岡田さんが「多様性」の授業[iv]を低学年から毎年行ってきているのも大きいと思っています。

細田 あの授業を受けたあと、「みんな違うからね」みたいなことを子供たちも言っているんですよね。ストンと子供に落ちる授業をしてくださっているんだなと思います。

岡田 授業を進めている私自身の意識としては、「違いを教えよう」じゃなくて、「違うのって当たり前じゃん」ということを話すように心がけています。あとは、私のもともとの目的なのですが、ひまわりの子が「クラスの一員」であることが当たり前になるようにしてきたんですよね。その感覚を浸透させたくて、ひまわりの子たちは毎日給食を交流級で一緒に食べています。こういった取り組みを通して通常の学級の子供たちが、仲間として当たり前に一緒に過ごせるようになったと思っています。

野口 多様性を大切にする文化やそのための取り組みそのものが第一層支援になっているんですね。ＰＢＳ的な関わりが学校全体に広がって、子供にとっても当たり前の文化として浸透していることで、いわゆる「支援が必要な子」も「いやすい」学校になっている。

藤本 喜沢小学校のすごいところは、支援が必要な子に対して、先生が言わなくても子供たちが自ら声をかけられるんですよね。しかもよくある、「1人の子がつきっきり」みたいなことじゃなくて、みんなが当たり前に接することができるところが最大の特徴だと感じています。

校長 「自然にできる」ことがうちの学校の子供たちの素晴らしいところですね。

---

i 株式会社LITALICOは「障害のない社会をつくる」をビジョンに掲げ、就労支援、幼児教室・学習塾などの教育サービスを提供。

ii 第1章74ページより詳説。

iii 喜沢小学校では、以前からPBLなどの特別活動に熱心に取り組んでいた。

iv 第3章198ページより詳説。

第2章

「行動の三層支援」と教員の指導の変化

1

「ケース会議」の課題を分析する

サポートミーティング設定の経緯

第三層支援の充実に向けて

第1章で述べてきたように、令和2年度から導入したスクールワイドPBSを推進していくことで、すべての児童（第一層）への支援が充実し、児童主体の落ち着いた学校づくりが進んでいきました。当初、第二層での支援が必要ではないかと考えていた児童も、第一層の支援が充実していくことで追加の支援の必要がなくなったり、あっても困っている時にそっと声をかけたりする程度で、安心して学校生活を過ごす姿が見られるようになってきました。

しかし、それでも支援が十分に届きにくい児童もいます。教室にいられない、ときには暴力的になってしまうなど、不適応な行動をとってしまう、いわゆる、個別的な支援である第三層の支援が必要な児童です。彼らへの支援を充実させることが、さらに誰もが過ごしやすい学校づくりに繋がっていくと考え、その体制づくりに着手しました。

従来の「ケース会議」の課題

現在も、多くの学校で同様の取り組みが行われていると思いますが、本校でも、以前から学級内で不適応な言動が見られたり、不登校傾向が見られたりした児童がいた場合に、関係する教職員が集まり、現状の共通理解を図ると共に、支援方法を検討する「ケース会議」が開かれていました。これは、臨時的に開く会議なので、場所も時間も明確には設定しておらず、事が起こった時に担当の教員が、関係する教職員の空いている時間を調整し、場所を設定して開かれる形でした。

しかし、そんな大切な話し合いの時間にもかかわらず、担任教員が児童の実態や現状を報告するのに数十分、関係の教職員が有する情報を話すのに数十分とかかってしまい、会議時間が長くなる一方で、最も重要な支援策を考えるところまでたどり着かなかったり、支援策が具体的なものにならなかったりする実情がありました。そのため結局、会議を行ったものの、担任教員が1人で問題を抱え込む状況になりがちでした。

そのような状況を打開するため、これまでのケース会議を、より効果的・効率的で有用なものにしていく方法を考えていくことにしました。ABC分析の考え方を活用し、児童の発達を支え、組織的に支援できる体制づくりを進めていくことを重要な視点として、生徒指導主任、特別支援教育コーディネーターを中心に課題を整理し、改善策の検討を進めていきました。

2

サポートミーティングのシステム化

「ケース会議」から「サポートミーティング」へ

「サポートミーティング」導入の実際

このような経緯を踏まえて、ケース会議から名前も新たに設けられたのが「サポートミーティング」です。

①開催時間の設定

ケース会議は不定期に、臨時的に開催していたため、教員にとっては「新たな会議が増えた」という感覚に陥りやすかったと思います。そこで、議題の有無にかかわらず、毎週火曜日の午後4時45分～5時の15分間に「サポートミーティング」の時間を設定することとしました。あらかじめ時間を設定することで、「急に予定になかった会議が開かれる」という負担感が減り、今週はどんな話し合いがあるのかと前向きに捉える教員が多くなりました。また、時間が設定されていること、気軽に相談できる場所ができたことによって、経験の浅い教員が積極的に参加し、対応方法を学んで自学級の児童の支援に生かそうとする様子も見られるようになっていきました。

②コーディネーターへの相談と授業観察

サポートミーティングの窓口は、特別支援教育コーディネーターとしました。本校には、３名の特別支援教育コーディネーターが配置されており、各担任は、まずそのうちの１人に相談をします。相談を受けたコーディネーターは、他のコーディネーターに状況を伝え連携し、３名が時間を変えて実際の児童の観察に行き、実態把握を行います。「どのような場面で、その

	年		組	名前			
日付	時間	場所	教科	○✖	b 行動	a きっかけ	c 結果
	1時間目	教室	国語	✖	離席	授業が嫌	逃避
	1時間目	教室	国語	✖	離席	授業が嫌	感覚刺激を受ける
	1時間目	教室	国語	○	授業参加	担任にほめられた	いいことがある
	3時間目	体育館	体育	✖	暴言	友達トラブル	注目をひく
	3時間目	体育館	体育	✖	物に当たる	友達トラブル	注目をひく

児童観察シート（アセスメントシート）

行動が起こるのか」「不適応な行動の事後は、どのような結果が起きているのか」など、児童観察シート（前ページ図）を活用しながら観察を進めることにし、可能な限り複数の目での実態把握を行うようにします。

　このような第三者の観察が加わることによって、担任の主観だけでなく、複数人が多角的な視点で観察したデータが集まることになり、具体的な支援の方法に結びつくようになっていきました。

③事前記録シートの記入と活用

「サポートミーティング」の開催時間を15分間で行うと決定したものの、時間内に終わらせることは難しい現状もありました。そこで取り入れたのが、応用行動分析を基にした事前記録シート（下図）です。これは、ＡＢＣ分析の考え方を活用したもので、現状把握の「ａｂｃ」と、目標となる望ま

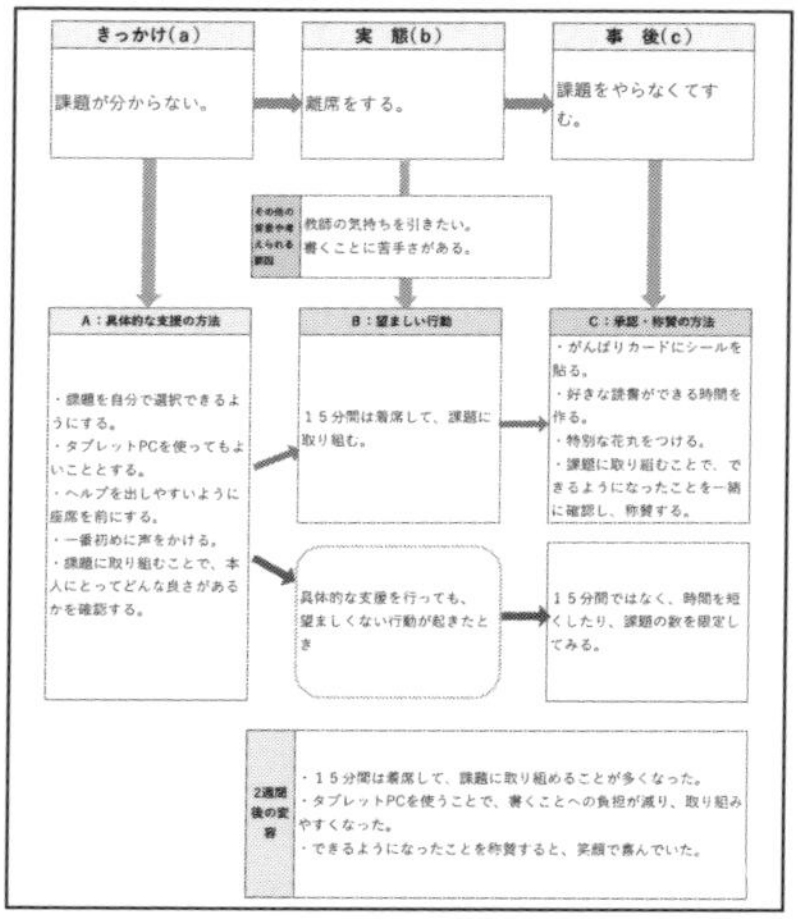

事前記録シート

しい行動の「ＡＢＣ」を基本として構成しています。
現状把握の「ａｂｃ」は、ａ［きっかけ］ｂ［実際の問題行動］ｃ［事後得たもの］として、担任または特別支援教育コーディネーターが実際に観察した様子と、その行動に関わる背景などを記入します。それらを踏まえ、目標となるＢ［目指す望ましい行動］を設定します。ここまでは事前に担任と学年の教員、観察した特別支援教育コーディネーターで相談して済ませておきます。事前に参加者はそのシートに目を通しておき、Ａ［環境設定や支援の方法］とＣ［称賛の方法］を各自考えてミーティングに臨みます。

【現状把握】
a［きっかけ］…
b［実際の問題行動］…
c［事後得たもの］…

【目標となる望ましい行動】
A［環境設定や支援の方法］
B［目指す望ましい行動］
C［称賛の方法］

このシートを取り入れたことによって、ミーティング時の話し合いが焦点化され、Ａ［環境設定や支援の方法］について集中的に話し合うことができ、具体的な支援策が多く生み出されるようになりました。また、事前にシートを見た教員が、その学級や児童と直接的な関わりがなくてもミーティングに参加し、「こういう支援はどうか」「自分がその児童に関わった時にはこんな支援をしてみようかと思う」などと意見を出すことも増えていきました。

サポートミーティングは、支援を必要としている児童を担任教員や学年教員任せにするのではなく、校内の全教員がワンチームとなって１人の児童の支援にあたるという新たな学校文化が生まれることにも繋がったのです。

④実際の支援

ミーティング以上に大切なのは、その後、実際の支援にどう取り組むかです。支援はサポートミーティングが行われた翌日から始まります。担任教員がすぐに実行できる支援を行うのと同時に、サポートミーティングに参加した教員も、同じ目線で指導・支援にあたります。

また、職員集会等で、サポートミーティングでの話し合いの結果や支援の方向性を全教職員に共有し、教員だけでなくスクールカウンセラーや支援員など、できるだけ多くの教職員が同じ対応をできるようにすることが大切でした。

⑤2週間後の振り返り

シートには、サポートミーティングで決定した支援を行って2週間後の様子を記入する箇所をつくっています。担任教員が変化や、その後の様子を記入しますが、運用当初は上手く機能しませんでした。2週間の支援ののち、担任が記入するだけでみんなで考えた支援策の成果があったのか、なかったのかを見取り、検証する時間がなかったからです。そのため、支援方法が上手くいっていなかったケースの場合、児童に変化が見られなかったり、ときには以前よりも望ましくない行動が増えてしまったりするケースもあったのです。

そこで、2週間後の振り返りをシートに記入するだけでなく、効果検証ミーティングを開くようにしました。これにより、日々変化していく児童の様子を立ち止まって考えることができ、前回のサポートミーティングで考えた支援策の効果・成果はあったのか、課題があるとすれば、どこだったのかを確認することができました。また、検証の結果を踏まえ、その場で支援策の追加・修正を検討し、より良い児童の成長に繋げていくこともできました。

従来のケース会議をサポートミーティングに変更したことで、会議時間の短縮、担任教員を1人にしない体制づくり、支援内容の充実に繋げることができました。担任が1人で抱え込むのではなく、学年・学校の教職員全体がワンチームとなり、児童一人ひとりを考える時間こそが、誰ひとり取り残されない学校づくりに繋がっていくことを確信しました。

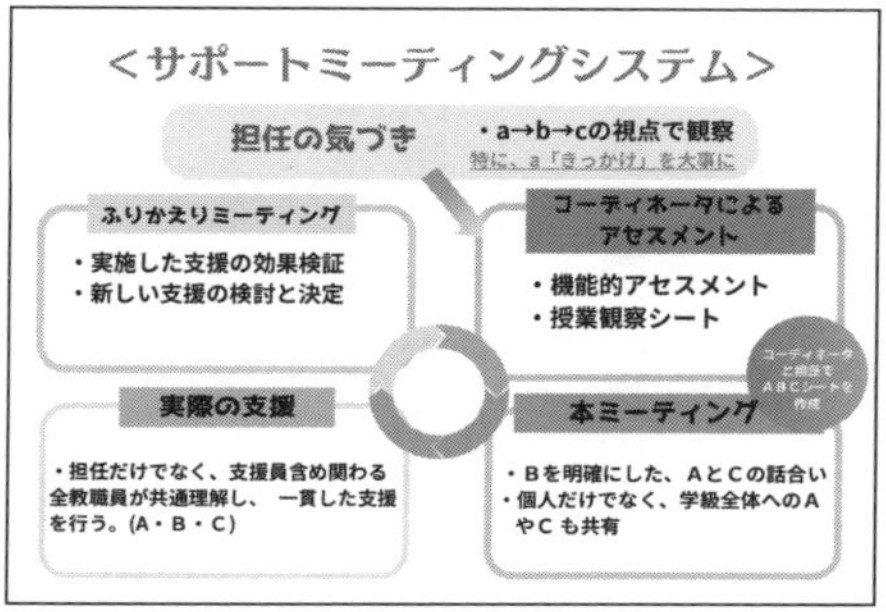

教職員向け説明資料

教職員向け啓発資料

3

外部連携でさらに質を高める

教員のスキルアップでより充実した第三層支援へ

第三層支援の充実に向けて

スクールワイドＰＢＳ、サポートミーティングなど、学校全体で指導・支援のシステムや場が充実してきたものの、教員が行うべき支援の引き出しが少なく、ＡＢＣ分析のＡ［環境設定や支援の方法］が毎回似たようなものとなり、行動支援の質を高めることが課題となっていました。教員が、どのようにして児童を見取り、効果的な支援を考え、それを実行していくか、第三層支援をブラッシュアップさせていくためには、個々の支援スキルの向上が欠かせません。

教員は、授業を行うプロフェッショナルであり、児童の発達を助け促すのが仕事です。

日々教材研究を行い、より良い学校・学級経営について研修を積んでいきます。それと同じように、多様な児童一人ひとりに応じた支援のスキルも磨いていかなければいけません。

これまでも、特別支援教育の講演や年に数回の巡回訪問等で研修や助言を受けてきており、一定の成果を得ることができていました。しかし、通常の学級で効果的な第三層の支援を行っていくためには、専門知識に基づいた支援スキルを教員が習得すると共に、それを実際の教育活動の中で効果的に活用することができなければなりません。そこで、習得と活用を一体的に進めていくために、外部連携を進めていくことにしました。

幸いにも、令和5年度は文部科学省の委託事業を受け、児童の発達支援を専門にしている民間事業者と連携することができました。連携先に依頼したことは、児童への直接的な支援ではなく、教員に対しての伴走型の訪問支援です。具体的には、毎月2回全教室を訪問し、学級の実態に応じた支援アセスメント・支援方法についての教員への助言及び後述するＲＴＩミーティングへの参加（助言）です。教室から離れたところでの理論研修ではなく、実際の教育活動の中で教員の支援スキルを向上させ、全学級の第三層支援を充実させることを目指しました。

第三層支援を要する児童のアセスメント

第三層支援を充実させるにはアセスメントが重要です。これまでは、本校で開発した独自の個別の支援ファイルを用いて、すべての児童を対象に各担任がアセスメントを行っていました。これは、すべての児童の学校生活の様子を担任教員が意識し、困っている児童の把握や校内での共通理解を容易にすることができたという点で大きな効果がありました。ただしその一方で、その現状がどのような苦手さから来ているのかまでは明らかにすることが難しかったのです。

そこで、各学級で特に支援を要する児童1～2名について、戸田市で使用している民間事業者が開発した個別の教育支援計画・指導計画作成システムを活用して、より詳しいアセスメントを行うことにしました。このアセスメントでは、結果がチャートで表示されるので、ひと目で児童の得意や苦手が分かります。そして、それを基に各担任は、その児童への具体的な支援策を考え、実践していくようにしました。

訪問観察とフィードバック

各教員はアセスメントを基に考えた支援策を日々の教育活動で実践します。上手くいくものもあれば、そうではないものもありますが、その支援がどのように児童に生かせていたかを客観的に観察し、助言をもらうための民間事業者による月2回の教室訪問が始まりました。全学級の授業や休み時間に約1時間参観してもらいます。この観察も、ABC分析を基に、児童の「行動」に着目し、望ましい行動や望ましくない行動が起きる前後に注目しての観察となります。

そして、休み時間や放課後の観察結果を、原則その日のうちに直接担任教員にフィードバックをしてもらいました。フィードバックでは児童のアセスメント結果を見ながら、教員が行った支援を確認し、その時の児童の反応（行動）を振り返ります。ここ

民間事業者による訪問支援

では、児童に望ましい行動が起こった時の教員の良い反応を言葉にしてもらうことで、担任が当たり前のようにやっていたことが児童へのＡ［環境設定や支援の方法］に繋がっていることに気付くきっかけとなりました。この気付きは、その後の同じような支援も自信をもって実践できることに繋がっていきました。反対に、望ましくない行動が起こった時には、前後の担任の言動を分析し、どのようなＡ［環境設定や支援の方法］を行ったらよいかを具体的に示してもらいました。

ＰＢＳを実践している本校の教員にとっては、ＡＢＣ分析に基づいたフィードバックはとても理解しやすいものでした。

4

外部連携による三層支援の成果

具体的な支援と児童の変化の様子

ある高学年児童の例とフィードバック

訪問支援で高学年の算数の授業を観察してもらった時のことです。支援の対象は、自分の気持ちを上手く言葉で伝えることができない児童でした。教員が話している時はいつも通り聞いていましたが、個々で問題に取り組むとなった時から、動きを止め、問いかけてもひと言も声を発することのできない、いわゆる〝固まった〟状態になってしまいました。

教員は、問題が難しいのかと教えてあげようとしますが、反応はありません。そこで、いつも行っているように、少し難易度を落とした課題を提示し、「①みんながやっている問題に取り組む」または「②もう1つの課題をやる」の2つの選択肢を提示しました。いつもであれば、この2つのうちから後者を選び学習に取りかかり始めることが多いのですが、その日は、そのまま固まった状態が続き、結局その授業中は何も取り組むことができませんでした。

その日のフィードバックは、以下のようなものでした。

「与えられた選択肢はどちらも、自分では難しいと判断して取り組めなかったのかもしれない。この場合、もう1つの選択肢として、『その他』というのをつくり、自分ができそうな課題を教科書や、過去のプリント、タブレットのドリル教材などから選んで取り組めるようなAを設定してみてはどうか」

確かに、選択肢として与えたものが、どちらも今は難しいと判断してしまったらどうしてよいのか分からなくなってしまいます。そこで、「その他」という言葉を使って、自分で選ぶ方法も選択肢の中に入れてみたらどうかということです。

教員の指導の変化

次の算数の時間、同じような学習活動が進む中で、その児童は前回同様、動かなくなってしまいました。そこで、教員はフィードバックの通り３つの選択肢を与えました。「①みんなと同じ課題を行う」「②少し簡単な、教員が用意したプリントを行う」「③自分でできそうな課題を見つけて取り組む」。児童はすぐに動き出すことはありませんでしたが、教員がそのまま他の子の様子を見ているうちに、いつのまにか自分からタブレットを開き、少し前の学習の反復学習に取り組み始めていました。それを見て、教員はすかさずその児童の行動を具体的に称賛しました。その後の授業でも、同じように選択肢に幅をもたせることで、この児童が固まることはほとんどなくなり、それどころか、自分から教員に質問に来るようになっていきました。

教員の視点では、選択肢は絞りやすい２つ程度に絞って提示することが分かりやすいと考えていましたが、それはこの児童にとっては考え込んでしまう要因となっていたのです。選択肢の中に、「その他」という一定の幅をもたせて自由度を高めることで、自分で課題を選択して取り組むことができたのです。そして、それを称賛され、その行動が強化され、その後の授業の様子に繋がったのです。

民間事業者と連携した訪問支援の成果

民間事業者と連携した訪問支援は、導入の目的を実現することができたのでしょうか。本校のすべての教員に対して事後アンケート調査を行ったところ、以下のような回答がありました。

○保護者面談での具体的な案を提案してくれたことで、プラスな繋がりができた。
○アドバイスが具体的で、実践できるのがよかった。
○A［事前の支援］の引き出しが増えた。
○気付けなかったその子の良さや強みを教えてもらえて、児童の見方が変わった。
○支援が必要な具体的なところをデータで実感し、細かく見るようになった。
○現在取り組んでいる手立てや支援、指導方法が合っていることや自信に繋がるような声かけをもらうことができた。
○普段の生活の中でのアドバイスをくれるので、準備など負担感もなく手立てに取り組めた。

このように、多くの教員が訪問支援の効果と自身のスキルアップを成果として実感していたことが分かります。専門家による客観的な観察を通して教員の指導と支援が明らかになり、そのフィードバックを受けていくことで、教員の支援の引き出しが増えていきます。また、それを学年やブロックで共有することで、学校全体のＡ［環境設定や支援の方法］が増え、支援のスキルアップに繋がっていきました。

多様なニーズがある児童一人ひとりに応じた指導・支援にゴールはありません。しかし、教員はそこに近づくために一歩ずつ進もうと努力することはできるはずです。必要に応じて外部の力を借りることも、努力の一つだと思います。こういった努力が、より良い指導や支援に繋がっていくことを実感することができました。

個別的な支援（第三層支援）をする際のポイント

野口晃菜

①共通言語と共通の枠組みづくり

個別的な支援（第三層支援）の1つ目のポイントは、教職員が話し合いをするための共通言語と共通枠組みをつくることです。喜沢小学校では、応用行動分析の枠組みを使用したアプローチをしています。この枠組みを全員が使うことにより、相談者が相談したいポイントを絞り、ケース会議の時間を有効に活用することができます。

②チームで観察、チームで検討

次のポイントはチームで取り組むことです。喜沢小学校では、サポートミーティング前の行動観察については３名のコーディネーターの先生、さらに外部の専門家にも依頼をし、複数で観察をしています。子どもの行動の前後を観察することで、その子がなぜその行動をしているのか、その行動を通じて何を伝えているのか、などを分析することができます。一人だと気付けないことも、複数で観察することで、子供のメッセージをもれなくキャッチすることができます。

③実現可能な個別的支援を

よく「担任１人じゃ個別支援はできない」「個別支援が必要な子はみんな通級や支援学級に行った方が良いのでは」と先生から相談を受けます。喜沢小学校の実践を見ると、最初から「個別支援は無理」と決めるのではなく、まずは「通常の学級で何ができるのだろう?」「どこまでだったら実施できるんだろう」という視点を大切にしています。

０か100でできる、できない、と判断するのではなく、ここまでだったらできそう、という視点で検討することがポイントです。

第3章

学びの多層型支援とRTIによる個の伸びへの転換

1

ＲＴＩ（Response To Intervention/Instruction）とは

授業の在り方をチームで検討する多層型支援

Response To Intervention/Instruction は日本語に訳すと「介入・指導に対する反応」です。つまり、大人の介入・指導に対して、子供たちがどのように反応をするかによって、その介入・指導が子供たちにとって適切であったかどうかを評価し、介入・指導を改善したり、付け足したりする仕組みです。アメリカにおいて２０００年代に多くの学校で広がりを見せ、現在は全米の68％の学校で取り入れられていると言われています。[i] スクールワイドＰＢＳは行動面に着目していますが、ＲＴＩは学習面（特に読み書き計算）に重きを置いており、現在は両方を組み合わせて「多層型支援システム」として多くの学校で導入がなされています。

ＲＴＩが大きくひろがりを見せた背景としては、学習障害のある子供の判定方法として活用され始めたことがあります。従来は学習障害のある子供の判定には、知的水準が低くないにも関わらず、学習面において著しい困難さがあるという根拠が用いられていました。しかし、この方法は「落ちこぼれるのを待つモデル（wait to fail）」と呼ばれ、子供が学習面で著しい困難さを示して初めて支援が開始される、特別支援教育の対象とならないと支援が開始されない、という問題点がありました。[ii] RTIでは、まずは通常の学級において、第一層支援として質の高い指導をし、その結果である子供たちの反応（テスト結果など）を踏まえて、第一層支援の改善や第二・第三層支援として必要に応じて追加的な支援を付け足します。それでも子供たちに反応が見られない場合、特別支援教育の対象になる可能性を検討します。RTIにおける「質の高い指導」とは、科学的根拠（エビデンス）のある指導として、すでにその効果が実証されている指導をすることを活用することや、追加的な第二・第三層支援の必要性は、データに基づいて意思決定をすることが重要視されています。

喜沢小学校におけるRTI

喜沢小学校におけるRTIは、私が2011年にアメリカ・イリノイ州の小学校で見てきた実践を参考にしています。当然、そのまま日本で導入するのは難しいため、喜沢流にカスタマイズした形で導入されています。例えば、アメリカにおいては、「エビデンスに基づく指導・支援」の研究が進んでおり、第一～三層で活用できる指導・支援の方法がエビデンスレベルと共にリスト化されており、ナショナルセンターのホームページ[iii]にて公開がなされています。さらに、このような指導・支援方法が民間事業者によってパッケージ化されて、教育委員会や学校が購入できるようになっています。しかし、日本ではこのようなものはないため、支援や指導の内容は、先生たち同士の話し合いの中で決めています。また、イリノイ州においては、学校心理士が中心となり、ＲＴＩミーティングを進行していましたが、喜沢小学校においては初年度は私が実施し、次年度からは先生たちが持ち回りで進行をされています。さらに、アメリカにおいて「カラーテスト」のような単元テストがないけれど、日本にはあり、さらにそのテスト結果を入力するソフトもあるため、それを活用し、第一層支援の改善や第二・第三層支援の検討に活用することができています。

ＲＴＩのポイントは、**今すでにあるデータを活用して、それを参考にすることによって、自分たちの指導や支援が果たして子供たちにとって有効だったかどうかをチームで検討することです。**

現状、通常の学級において困難さのある子供たちが急増している中で、「特別支援教育」もしくは「不登校」のいずれかに当てはまらないと支援が開始されない状況は、アメリカにおいて問題視された「落ちこぼれるのを待つ」状態と同じではないでしょうか。ＲＴＩは通常の学級の授業の在り方をチームで検討することから始まります。すべての学校で同じように導入するのは難しいかもしれませんが、自分たちの教え方は本当に子供たちに合っているのか、他にどんなやり方があるのか、を話し合うところから始めてみるのもよいでしょう。（野口）

---

i McIntosh, K. & Goodman, S.（2016）Integrated Multi–Tiered Systems of Support: Blending RTI and PBIS. The Guilford Press, NY.

ii Fisher,D. & Frey, N.（2010）Enhancing RTI: How to Ensure Success with Effective Classroom Instruction & Intervention. ASCD, Alexandria, Virginia.

iii https://intensiveintervention.org/

2

学びの支援を「多層型」に

学習面における多層型支援の取り組み

「RTI」導入のきっかけ

令和2年度からスクールワイドPBSに取り組んできたことで、児童の主体的な行動が増え、望ましい行動への変容や意識の高まりが見られるようになりました。また、児童へのアンケート調査では「先生はよく話を聞いてくれたり、相談に乗ったりしてくれる」「先生は認めたり、褒めたりしてくれる」の項目で約9割の児童から肯定的な回答がありました。教員から児童へのポジティブな働きかけによって、教員と児童との信頼関係が高まってきたことが分かります。

さらに、戸田市教育委員会が毎年2回実施している「授業がわかる・楽しい調査」の結果でも肯定的な回答が増え、探究心・社会貢献意欲・協働意識に関する項目で特に高い結果が得られました。スクールワイドＰＢＳに取り組んできたことで、問題行動などの生徒指導案件の減少と共に、主体的に学びに向かう児童や授業が楽しいと感じる児童が増えてきたことが明らかになったのです。このことは、手探りで改善を重ねながら研究実践に取り組んできた教職員にとって大きな自信に繋がりました。

しかし、課題がすべて解決されたわけではありませんでした。特に埼玉県の学力・学習状況調査の結果では、児童個々の学力の伸びに十分な成果が表れず、学習内容の定着が引き続き課題となっていたのです。

これまでの学力・学習状況調査の結果に基づく学力向上の取り組みを振り返ってみると、学年・学級の担当教員が全体の正答率が低かった単元や領域の学習プリントを一律に準備し、朝学習の時間や宿題で一斉に実施していました。こうした取り組みは長年続けられてきましたが、準備や取り組みに相当の時間をかけていたものの、大きな成果は得ることができませんでした。その要因としては、個々の学力差が大きいにもかかわらず、全員一律に同じ学習プリントに取り組ませていたこと、さらに取り組みに対しての効果検証を十分に行ってこなかったところにあると考えました。つまり、「個別最適な学び」ではなかったのです。

そこで、「個別最適な学び」を実現するため、多層型支援の学習面の取り組みとして、令和4年度から「RTI」に取り組むことにしました。RTIとは、Response To Intervention/Instruction の略で、児童が指導や支援に対してどれだけ反応したかを測定し、その結果（単元テストなどの定量データ、児童の学ぶ様子などを教員が記録する定性データ等）を根拠として追加の支援や指導法の見直しを行っていくシステムのことです。このRTIを取り入れ、**多層型支援ですべての児童にとって個別最適な学びを実現しよう**と考えたのです。

PBSの学習版「RTI」を導入

RTIの導入は、スクールワイドPBSで伴走支援をしていただいている野口氏から提案を受けたことがきっかけです。導入時の研修も野口氏に指導をお願いして、「RTIとは何か」「RTIを導入する目的」「RTIで大切なこと」について講義を受け、全教職員で共通理解を図りました。また、年2回、児童が指導や支援に対してどれだけ反応したかを検証するRTIミーティングの時間を設け、データから効果的な指導法や逆に成果が表れなかった指導法を明らかにし、追加の支援や指導法の見直しを検討することにしました。

ＲＴＩミーティングは、運営面ではミーティング時間の確保が一番の課題でしたが、学年ブロックで授業を振り返り、効果的だった指導法や成果が現れなかった要因を明らかにしていくことで、次の単元の指導計画を検討する時間にもなりました。授業のブラッシュアップを図ることができ、教材研究や授業準備を協働的に行うことで、経験年数が少ない教員の負担軽減や授業の質の向上に繋がっていったのです。

ＲＴＩミーティングの実際

ＲＴＩ導入初年度である令和４年度は、夏季休業中や長期休業前の短縮日課等の午後の時間を活用し、年２回のＲＴＩミーティングを行いました。ＲＴＩミーティングには専科や特別支援学級、通級指導教室担当教員と共に、野口氏と戸田市教育委員会の藤本指導主事にも参加いただきました。ＲＴＩミーティングもスクールワイドＰＢＳと同様、初めて実施する手探り状態だったため、ミーティングを通して実施方法や時間配分を確認しながら修正していきました。

実際のミーティングは２学年合同で実施します。多層型支援を前提として、単元テストのデータから授業を振り返り、効果的だった指導法や成果が現れなかった要因、手立ての検討を行います。全児童が対象である第一層支援でのユニバーサルな授業が効果的に行われていたかを振り返ると共に、第二・第三層支援を要する児童への支援策の検討など、個別最適な学びの視点で多岐にわたり活発な協議をすることができました。その一方で、「RTIミーティングで必要な学習データとは何か?」「第一層支援での個別最適な学びの授業とは?」「第二・第三層支援児童への効果的な支援の手立てとは?」など、新たな疑問や課題も生まれてきました。

　RTIを導入したことで、自由進度学習や複数の学び方を児童が選択する学習※など、児童個々に合った学びへと授業改革が少しずつ進み始めました。校内研修でも第一層支援を充実させるために、児童一人ひとりの学習進度や学習到達度に応じた個別最適な学びの実践報告会、先進的な取り組みをしている広島県教育委員会の指導者から講義を受けるなど、教員の研究意識がどんどん高まっていきました。

　ただし、多様な児童が在籍する公立小学校で個別最適な学びを目指すためには、RTIをさらに改善していく必要も出てきました。

※教員と学んだり、友達同士で学び合ったり、個人で学び進めたりするなど、複数の学びの場が用意され、それを児童が自分で選択する学習スタイル

大きな課題は、年2回のＲＴＩミーティングでは、児童一人ひとりにとって最適な学びと公正な支援をスピード感をもって実行することができないことです。他にも、ＲＴＩミーティングで活用する教育データの整備が課題となりました。教育データが校内の様々なフォルダに保存されており、「必要な時に」「すぐに」データが見つけられない状態だったのです。さらには、ＲＴＩを活用する良さやその効果を実感することができない教員もいました。教員がＲＴＩをいかに自分事にして取り組むことができるか、教員のＲＴＩミーティング活用力を向上させ、授業改善サイクルをより早く回していくためのシステムを構築していくことが求められていたのです。

3

ＲＴＩミーティング進化期

これまでの課題を受けてのＲＴＩ改善

ＲＴＩミーティング前期　第三層支援を要する児童を対象に

令和５年度はＲＴＩミーティングを教育活動の重点として取り組むことにしました。まずは年間の校内研修や会議、時程等の教育計画を抜本的に見直し、毎月１回実施できるように計画を立てました。そして、年度当初は特に学習に困りごとのある第三層支援の充実を目的に行うことになりました。

前年度の実践から、効果的なミーティングにするためには、支援対象児童へのアセスメント、データの収集等の事前準備が重要と考えました。まず、各学級担任が、日常の学習の様子や評価の面から第三層支援対象の児童を抽出します。その後、学習の困難さに起因しているとと思われる特性や傾向を理解するために、戸田市が導入している民間事業者の支援ソフトを活用してアセスメントを行います。アセスメントの結果によって、担任が肌感覚で捉えていた児童の特性をより客観的かつ明確に把握することができます。同時に、データを効果的かつ効率的に活用するための共通化・一元化の一環として、単元テスト集計ソフトの全学年統一化も行い、単元テストの結果入力も済ませておくようにしました。

可能な限りできる事前準備を済ませ、令和５年度の第１回ＲＴＩミーティングを実施しました。児童の発達段階に合わせて、低学年ブロック、中学年ブロック、高学年ブロックに分かれてミーティングを行います。各担任外教員、通級指導担当教員は、それぞれ関わりの多いブロックに分かれて参加しました。特別支援教育担当は、全体を把握・調整する役割を担い、必要に応じて適宜ミーティングに参加する形をとります。さらに、野口氏、前川氏、藤本指導主事と共に、民間の発達支援事業者の方にもアドバイザーとして参加していただきました。

また、ミーティング資料として、ＰＢＳでのＡＢＣ分析シート（次ページ資料）を学習版に転用し、アセスメントから活用することにしました。時間は１学級につきおよそ15分として、ミーティングの流れは次の通りです。

①児童の現状把握
②B〔望ましい行動〕の検討・決定
③具体的な支援の方法の検討
④外部専門家の指導・助言

実際のミーティングでは、昨年度の実践を生かすことができました。それぞれの教員がこれまでの経験や学んできたことを基に率直な意見を出し合い、多様で幅広い具体的な指導・支援方法を話し合いました。また、専門家の方々からは、ミーティングの運営方法や児童への支援の手立て、使用教材の助言、データの見方等、幅広く指導・助言をいただくことができ、より一人ひとりに応じた支援方法を考えることができた有意義な時間となっていきました。

ミーティング後、検討した支援策を実践したところ、

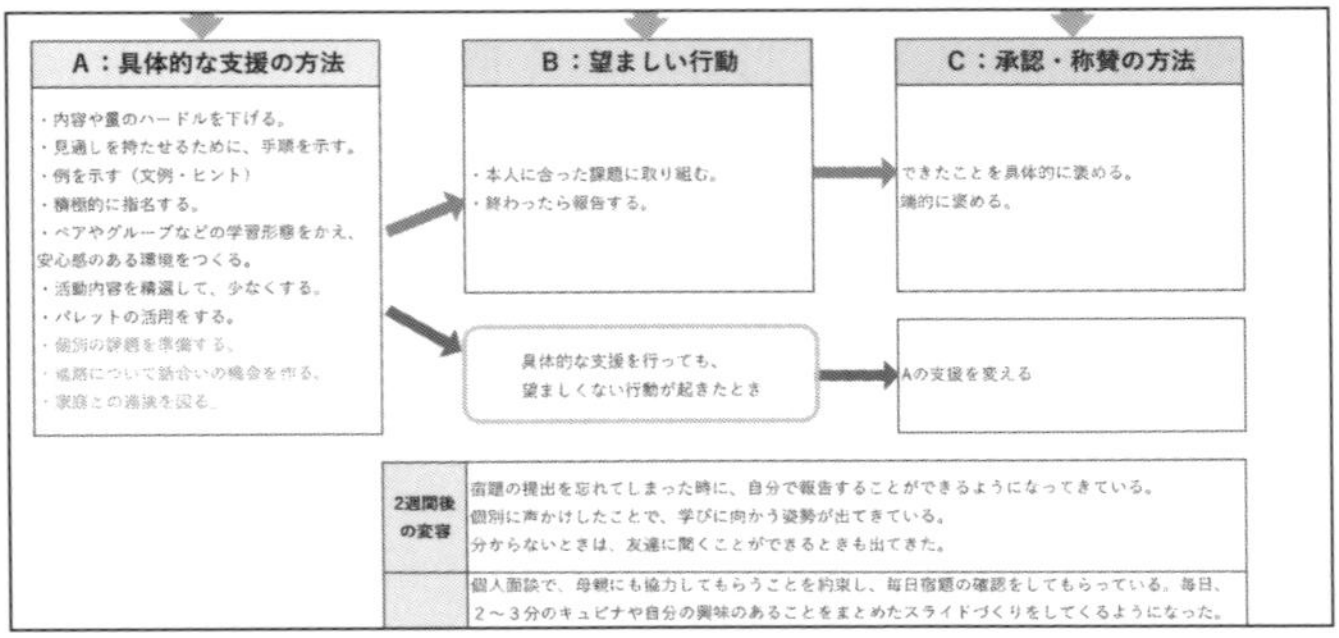

ミーティング資料 ABC 分析シート

児童の変容が顕著に見られるようになっていきました。具体的には、授業前にその時間の学びの内容を知らせることで見通しをもち、安心して落ち着いて授業を受けることができるようになった児童、支援教材を活用して少しずつ前年度の復習を行うことで学習内容が理解できるようになってきた児童、少人数のじっくりコースを設けて担当教員とコミュニケーションを多くとりながら少しずつ自信をつけていった児童など、学ぶことに自信をなくしていた一人ひとりが意欲的に学びに向かう姿を見せてくれるようになりました。さらに、単元テストの結果にも成果が表れてきました。

ただ、課題がすべてなくなったわけではありません。各ブロックのファシリテート担当の経験差によって、話し合いの広がりと深まりに差が生じていました。また、多くのデータを活用することに難しさを感じる教員がいたり、支援方法の検討を専門家に頼り過ぎてしまったりしたことも課題として挙げられました。

実践を通して出てきた課題はすぐに改善に動き、次のミーティングまでに解決すべく取り組みました。ファシリテートの研修を行ったり、話し合いの流れを改善したりしながら、ＲＴＩミーティングのブラッシュアップを重ねていきました。その間にも児童の学びに向かう姿に変容が見られ、ミーティングの回数を重ねるごとに、児童の学ぶ意欲や単元テストの結果が向上していくことに手応えを感じる教員が増えていきました。何よりも教員が実践を通してＲＴＩと第三層支援の効果を実感できたことが大きな成果といえます。

ＲＴＩミーティング後期　第一層支援児童を対象に

第三層支援の充実を目的に行ってきたＲＴＩミーティングは大きな成果を得ることができましたが、新たな課題を感じるようにもなりました。それは、支援対象を第三層支援に限定していたことです。もともと学級には多様な児童が在籍し、多様な学習ニーズがあります。**すべての児童の学ぶ意欲と学力の向上を目指す**のは当然のことです。何よりも、全児童を対象にした第一層支援がより充実し、学びのユニバーサルデザイン化が進めば、第三層支援の対象になる児童は自ずと減るはずです。

以上のような理由から、後期よりＲＴＩミーティングの運用を変更することにしました。最大の変更点はミーティング対象を第一層支援としたことです。第一層支援を対象にするということは、すべての児童にとって自分に合った学びに繋がる個別最適な学びの授業をつくっていくということです。当然のことですが、第三層支援対象の児童も「すべての児童」に含まれることになります。

ミーティングの運用変更に合わせて、ミーティングメンバーの組み合わせ変更も行いました。低学年ブロックはそのままに、4・5年担任のペア、3・6年担任のペアで行うことにしました。また、ミーティングの流れも以下の表のように変更しました。

事前準備としては、特に学力向上を目指したい教科の決定と現状の把握、次の単元計画資料の準備、単元テスト集計ソフトへの入力を行います。

実際のミーティングでは、それぞれの学年での授業実践について

ファシリテーター　次第	話型　例	時間
1　各学年の現状（時間がないので教科や単元を絞って簡単に）	・算数○○の単元で、△△（指導計画や指導形態・第一層支援等）で学習したが、結果は□□だった。 ・～さん、～さんは点数がとれなかった。（第二・第三層支援の様子・抽出） （単元テスト等の結果や学びに向かう姿、学び進める途中での様子はどうだったのか） 成果と課題を明確に	4分
2　質問タイム（質問があれば）		1分程度
3　次回の単元の具体的な第一層支援	・今後、○○の単元では、△△（指導計画、授業形態、第一層支援等）の方法で学習しようと思っている。 ・他に、効果的な支援方法、効果的だった支援方法はあるか。	4分
4　支援策の検討・アイデア出し	・以前△△の支援を行ったら、□□になった。 ・まだ、実践していないが、△△はどうだろう。 ・○組では～、○組では～ （第一層支援の中には、第二・第三層支援でも有効な手立てはないか）	15分
（時間があったら） 5　第三層児童の抽出と支援策	△△の支援をしても、○組の～さんは、○○でつまずいているので、難しそうだ。効果的な支援はありそうか。	
6　まとめ	・次回までに取り組む手立てや支援の確認 ・必要なデータ（児童のどんな記録）の確認	1分
7　講評・アドバイス	各学年	3分

報告したり、児童の学ぶ意欲（授業中のアセスメント）を視点に話し合ったりすることで、次の単元での授業改善に繋がり、今までにないチャレンジングな授業が見られるようになっていきました。

３・６年担任のペアでは、６年生が行っていた自由進度学習の報告を受けて、３年生でも参考にしながら実践したところ、すぐに児童の学ぶ意欲の向上と単元テストの結果向上に繋がりました。また逆に、６年生では3年生の実践を参考に、算数的あそびを取り入れた学習コーナーの充実に力を入れました。

また、ミーティングの中では、今まで通り第三層支援児童への指導・支援方法の検討を行い、第一層支援の中で第三層支援児童への指導・支援の改善と充実を図ることができました。さらに、専門家の方から、第一層支援に有効な具体的な教材を紹介していただいたこともありました。６年生では、その教材を使用し、アセスメントとして活用したことで、児童が卒業前に自分のつまずきを改めて知ることができたという事例も出てきました。

ミーティングの回数を重ねるごとに、児童の変容がよく分かるようになってきました。また、ミーティング後の支援についても、実践を通してその都度改善を重ねていくようになっていきました。気が付くと多くの教員がＲＴＩを前向きに捉え、効果が実感できる楽しいミーティングへと変わっていったのです。

成果と課題

ＲＴＩミーティング前期では、第三層支援対象の児童への個別支援を中心に取り組み、実際に児童の変容という成果が見られました。一方、後期ミーティングでは第一層支援（全児童）を対象にしたことで、より幅広い支援と単元全体を個別最適な学びの視点で捉え直す授業改革の研究実践ができました。さらに、経験年数の浅い教員にとっては、中堅・ベテラン教員の実践を知ることで指導方法の幅が広がったといえるでしょう。

児童の学ぶ意欲や学力の向上に繋がったＲＴＩミーティングですが、まだまだ改善の余地はあります。例えば、話し合いを進める教員のファシリテート力の向上、教員の専門的知識の習得、単元テストの結果にとどまらないデータの有効な活用方法、児童の学びに向かう姿勢の見取り方の工夫等々、乗り越えるべき課題は山積しています。

今後は専門家に頼らず、校内のみでミーティングを運営していくことになります。目の前の課題に臆することなく、教員一人ひとりが自分事として捉え、児童のウェルビーイングの実現を目指す、楽しく効果的なＲＴＩミーティングを創っていきたいと思います。

4

第一層支援としての個別最適な学び

オンライン・ICTツールの活用（令和2〜3年度）

コロナ禍・GIGAスクール構想による変化

新型コロナウイルスの急速な感染拡大によって、2020年2月から突然全国一斉休校となり、そのまま令和2年度も臨時休校からのスタートとなりました。4月中旬からは、各家庭のPCやスマートフォン、学校からの貸与端末等によって、なんとかビデオ通話アプリで繋がることができるようになり、画面越しに学級の児童同士が顔を合わせられるようになりました。それは当時大きな喜びであり、成果でもありましたが、学習という次の段階に進もうとした時に大きな壁にぶつかりました。当時は教員も児童も、ビデオ通話アプリにやっと接続できるような状態だったことから、教員が画面越しに学習の課題を児童に伝え、いったん接続を切ってから児童は出された課題に取り組み、時間になったら再びオンラインで繋がるという自主学習のような形式でした。最初こそ教員から出された久々の学習課題ということで多くの児童が取り組んだものの、次第に課題への意欲が見られなくなったり、途中でやめてしまったりする児童が増えていったのです。その後、教員がオンライン学習の操作に慣れてきたことで、常時接続の状態で黒板を使って説明するなど、休校前と近い形で授業を配信できるようになりましたが、自宅で意欲的に学習に取り組める児童はそれほど多くありませんでした。

「児童が主体的に学び進めることができない」これは休校が原因ではなく、休校前からの課題だったことを思い知らされました。休校前から、授業は教員が出す同じ課題を、決められた同じ時間内に、同じ量に取り組む、いわゆる教員主導の一斉指導で行っていました。予定調和の中で教員の指示通りに取り組む受け身の授業に慣れていた児童にとって、主体的に課題に取り組み、最後まで1人で学び進める学習は相当高いハードルだったはずです。児童が主体的に学び進めることができなかった原因は、児童側ではなく学校の授業にあったことに気が付きました。

本校は、通常の学級、特別支援学級に加え、発達障害・情緒障害通級指導教室が設置され、さらに近年は外国にルーツのある児童も増えてきたことで日本語指導教員も毎年配置される、多様な児童が在籍している学校です。従来から授業の内容が十分理解できずついていけない児童や集中が続かず離席してしまう児童、逆に時間をもて余してしまう児童などが見られました。授業に対し苦手意識をもつ児童も多く、全国や県の学力・学習状況調査の結果からも、学習意欲や学習内容の定着に課題があることは明らかでした。

そこで臨時休校が明けた2020年6月の学校再開から、スクールワイドPBSと共に、児童主体の学びである「個別最適な学び」を一部の教員の先行研究として進めていくことにしました。当時、「個別最適な学び・協働的な学び」の実践例は少なく、先行研究の担当となって「個別最適な学びとは今までの授業と何が違うのか」「果たして本当に学力に結びつくのか」など、大きな不安や心配、疑問がありました。

また、これまで研修で進めてきた教科指導の研究は、教員主導の授業をベースとして、視覚的に思考が整理しやすいような板書計画の作成や、児童が意見を出し合い、学級全体で深め合っていく授業づくりに関する内容が主でした。そのため、児童が主体となって学び進める授業づくりの研究をどのように進めていくべきか見当もつかなかったのです。

個別最適な学びを進めるために

個別最適な学びを学校全体で推進していく上で、ICT活用は必要不可欠と考えました。当時は、またいつ新型コロナウイルスの感染拡大によって休校になるか全国的に不安が大きかった時期であり、GIGAスクール構想によって全国で一人一台端末が急速に導入され始めた時でもありました。戸田市でも全小・中学校に一人一台端末が配備され、ICTを活用して様々な課題に対応できるようになりました。体調不良や不登校傾向の児童が欠席した際には、リアルタイムで授業が受けられるようになり、学校と家庭で学びが途切れないシームレスな環境が整っていきました。また、新入学の1年生でもオンライン授業ができるように、5月までに基本的なICTスキルを身に付けられるためのロードマップを作成し、全児童のICTスキル向上に努め

ICTスキルロードマップ

リアルタイムのオンライン授業

ました（前ページ図）。
コロナ禍でも学びを途切れさせないために始めたことでしたが、結果的にはこの取り組みが低学年から自分に合った学び方を選択する力を育てることに繋がり、その後の個別最適な学びの実践を大きく推進させていくことに繋がりました。

個別最適な学びの実践（初期）

一方で、個別最適な学びの実践は、何から手を付けていいのか、どこから始めていいか、校内の誰も分かりませんでした。最初はとにかく「教員主導の授業から児童主体の授業へ転換する」という視点でカリキュラムを考え、実践を進めていきました。

【実践】仲間の強みを生かした協働的な学び

5年生の社会「自動車をつくる工業」の単元では、グループごとに児童が授業を行いました。事前学習を行った上で、グループごとに授業のページを割り振り、児童が先生役となり20分間で授業をします。児童はグループごとにどんな授業をするか話し合い、役割分担と資料作成に取りかかりました。板書担当は黒板に書く練習をしたり、授業担当は動画を撮りながら模擬授業をしたりするなど、児童同士が主体的・協働的に学習を進める姿が見られました。

　実際の授業では、先生役の児童を、クラスみんなが助けようと積極的に挙手して発言をするなど、あたたかい雰囲気の中で全グループが計画通り授業をすることができました。授業後の感想では「人に教えることで、理解が深まった」「友達との授業づくりが楽しかったし、自分の役割がこなせてよかった」という肯定的な意見が多く上がりました。グループによっては、友達の個性を理解し、分かりやすい言葉で丁寧にアドバイスをしている児童や、仲間の強みを生かした役割分担をしている様子が見られました。児童に学びのハンドルを預けたことで、自然と協働的に学ぶ姿が多く見られるようになったことが分かり

授業構想を考える

分担して資料づくり

板書練習をする

ました。

また、5年生の算数「合同な図形・図形の角」の単元でも、児童主体の授業実践に取り組みました。グループごとに異なる課題を配布しそれぞれで課題解決を進める学習です。配布された課題に対してホワイトボードに整理する児童、スライドにまとめる児童など、グループごとに話し合いながら役割分担をしていました。グループ内には算数が苦手な児童や配慮を要する児童がいたものの、児童同士で話し合って、それぞれができることを担当して活動に取り組む様子が見られました。

児童の変化

令和2~3年度は、従来までの教員主導型の授業から児童主体の授業に挑戦し、個別最適な学びにせまっていく実践を行いました。児童が主体的に活動したり、友達と協働的に学習したりすることで、学習意欲が大きく高まることを実感することができたのが大きな収穫でした。これまで自分に自信がなかった児童が学習に前向きになり、自分の考えを伝えたり、分からないことを質問したりする姿が見られるようになってきました。

これまで教員主導の授業では、45分間は着席して授業を受けることが当たり前とされて

第３章
学びの多層型支援と RTI による個の伸びへの転換

いたため、離席をする児童や、集中が途切れて手あそびをしてしまう児童がいました。そのような児童が、児童主体の授業では生き生きと学びに向かう様子が見られたことも大きな成果です。児童一人ひとりが自分に合った学び方を選択でき、自分のペースで学習できるようになると、学びに向かう力が育まれ、学力の伸びにも繋がる手応えを得ることができました。

ただ、多くの成果を実感できたと同時に、個別最適な学びをさらに推進していくためには、教員がファシリテーターとしての役割を担っていくこと、より一人ひとりに応じた効果的な手立てを考えていくことの大切さも感じました。また、個別最適な学びによって得られる成果は、学びに向かう力の向上だけでよいのか、学習内容は定着するのか、個々の学力の伸びはどうなのかなど、実践を進めたからこその新たな疑問や気付きも生まれてきました。

このような課題を踏まえ令和４年度は、一人ひとりの児童にとって本当に「個別最適な学び」になっているのか検証するために、前述のＲＴＩミーティングを導入し、データに基づく効果検証とカリキュラムや指導法の改善に取り組んでいくことにしました。

5

学校研究としての個別最適な学び全面実施

「一層支援プロジェクト」推進（令和4～5年度）

みんなでまずやってみよう

令和4年度から、個別最適な学びを推進する組織を「一層支援プロジェクト」とし、「すべての児童の『学びがわかる・楽しい』」をテーマに、個別最適な学びの実践を学校研究として本格的に推進していくことにしました。学校研究として個別最適な学びを推進するにあたって課題の1つは、学校全体、つまり全教員で実践していくことでした。令和2年度から2年間、授業実践に取り組んできたものの、実際には一部の教員の先行的な実践が中心であり、学校として個別最適な学びを推進していく必要を感じていたのです。

こうした背景から、令和4年度当初は全教員の実践によって学校全体で個別最適な学びを推進するべく、「夏季休業前までに全員が一つ実践する」こととしました。夏季休業中に実施した校内研修「個別最適な学び実践報告会」資料からいくつかの実践を、画像を通してご紹介します。

【実践①】算数の学び方選択学習

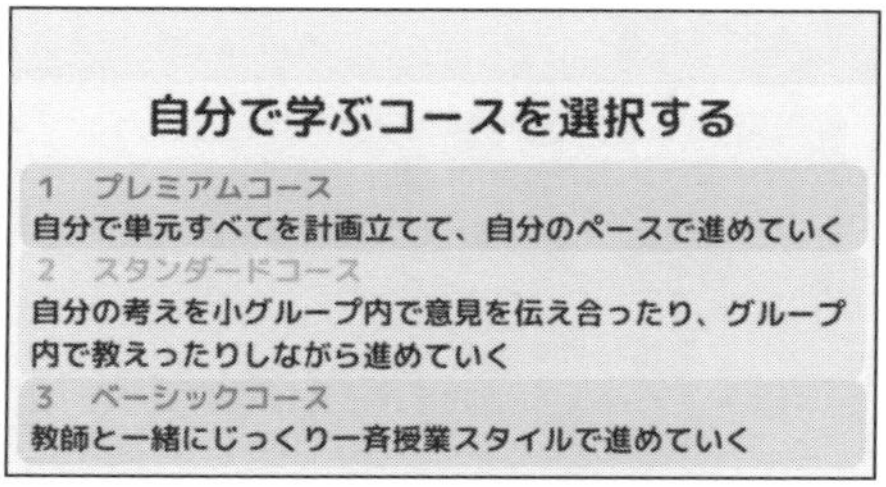

【実践②】算数単元のまとめの時間での学び方選択学習（2時間の学び方を選択）

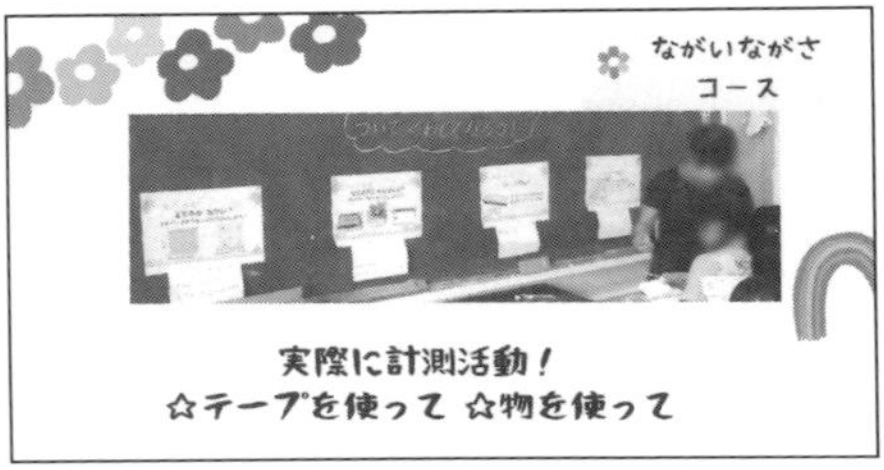

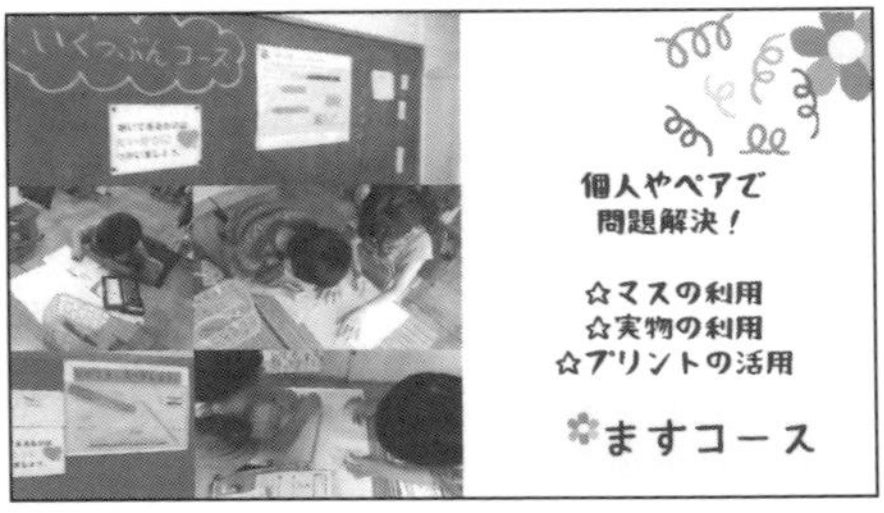

実践①②は、算数の授業で学び方選択学習を進めたものです。一斉授業か、個別に学ぶか、というだけではなく、児童自身が「学び方を選択できる」仕組みを整え、実践しました。

【実践③】社会の単元内自由進度学習

授業で使っていいもの
①教科書
②ネット
③動画OK
④教師のデジタル教科書

課題の提出方法
①ノート
②ロイロ
(ノート写真OK)
③スライド
④教師に直接言う
⑤友達と交流する
⑥動画に撮影

社会 自由進度学習 第1弾！！！ 単元名「高い土地の暮らし」 (P32〜41) トータル5時間
☆GOAL☆ 高い土地に住む人々の生活や産業の工夫について知り、自分の考えを書く。 名前 (　　　　)

№	日付	めあて	課題	提出方法	チェック
START!!!					
1		群馬県嬬恋村の山に囲まれた高い土地の様子や、そこに住む人々のくらしについて考える。	①群馬県嬬恋村の場所を確認！(地図帳か、ネットで写真をとる。) ②嬬恋村の写真や文から、土地の様子をまとめる。(土地の種類、標高、土地を何に利用しているかなど)	ロイロかノート写真	□
2			P32の平均気温のグラフから、嬬恋村と東京をひかくして、ちがいを見つける。	ロイロ＆交流	□
3			P33の資料から、キャベツ畑は、村のどこに広がっているのかを分せきする。	ロイロ＆交流	□
4		嬬恋村の昔の土地の様子や開発について調べることを通して、村の人々の工夫や努力によってキャベツの生産がさかんになったことを理解する。	昔はキャベツが取れなかったのに、とれるようになったのは、何をしたから！！！？？？ 第3位まで自分なりにランキングにしてみよう！！！	ロイロかノート写真	□
⑥			☆キャベツを作るまでの歴史をかんたんにまとめる。 ①昔は取れなかったのに、キャベツがとれるようになったは、何をしたから！！！？？？ ②キャベツがさかんになったおかげで、村は何と呼ばれるように？	ロイロかノート写真	□
⑦			高原野菜とはなにか。高原野菜のよさとは	Y先生に話す	□
⑧			P35のキャベツの作付面積の変化を読み取る！	ロイロかノート写真	□
⑨		嬬恋村の人々が、高い土地の涼しい気候を生かして、キャベツを出荷する工夫をしていることを理解する。	新せんなキャベツをとどけるための工夫とは 嬬恋村はいつ出荷している？(P36、P37の資料をもとに考えよう)	ロイロかノート写真	□
⑩			促成さいばい・抑制さいばいのちがいを知る。	ロイロにまとめ、Y先生に話す。	□
⑪		嬬恋村の人々が、高い土地の豊かな自然を生かした生活、また、観光などの産業に取り組んでいることを理解し、工夫を知る。	嬬恋村が、自然を生かし、どのように生活をしているのか、またどのような産業に取り組んでいるかを調べる。 ①生活への生かし方 ②産業について	ロイロかノート写真	□
⑫			①観光客のグラフをみて、分せきする。 ②なぜ観光に力をいれているのかを書く。	ロイロかノート写真	□
⑬		高い土地の生活や産業についてまとめ、よさや大変さをまとめることができる。	低い土地を学習した人にプレゼンをする。	ロイロかノート写真	□
GOAL ーーーー！！！！！！					

社会における単元内自由進度学習の例です。単元のスタートからゴールまでの道筋を明確にし、学び方や課題提出の選択肢を提示しています。

【実践④】算数の単元内自由進度学習

算数における単元内自由進度学習の例です。学習計画を立てることから振り返りまで、自ら学びを進める様子が見られました。また、個別の学びだけではなく、学習を進める中で児童同士の協働的な学びも積極的に行われました。

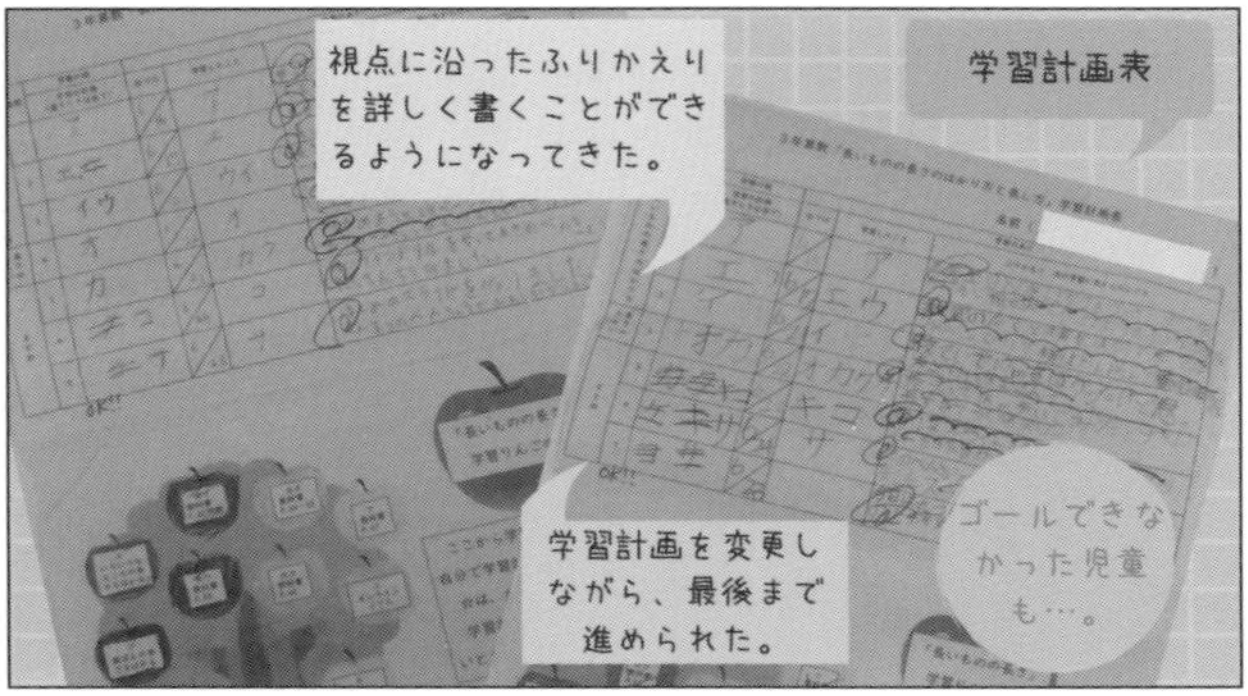

夏季休業前までに全員で一実践以上を行ったこと、それを夏季休業中に

個別最適な学び実践報告会として共有を図ったことで、個別最適な学びの話題が職員室から聞こえてくるようになりました。また、実践が共有されたことで授業イメージが見えてきたこともあり、夏季休業後も各教員の実践が続きました。研究の視点は以下の通りです。

①自由進度学習と一斉授業は児童主体の視点から効果と必要性を考慮して位置付ける。
②導入は必要感をもたせる課題設定ができるよう一斉授業の工夫をする。
③児童が学びを自己プランニングできるように、２教科（国語と社会等）での自由進度学習にも取り組んでみる。

共有されたこれらの視点を基に、児童一人ひとりに最適な学びとはどのような学びなのか、実践を積んで研究を進めていきました。実際に単元終了後、児童にアンケートをとってみると、「友達と好きな時に相談できるので楽しい」「自分のペースで進められるとストレスがない」「分からないところをすぐに聞けるので安心」など、教員の思いと児童の願いが一致した回答が得られました。

しかし、多くの児童が楽しく学習している様子が見られる一方で、教員からは「最後まで学習をやりきれていない児童もいる」「学習内容が定着しているかよく分からない」など、見取りが不十分ではないかという課題も挙がってきました。

令和5年度　研修スタイルの変化

令和4年度は、全教員の実践によって学校全体で個別最適な学びを推進することができました。しかし、スクールワイドＰＢＳと個別最適な学びの学校研究を同時に進めてきたことで負担感が生じていたことも事実です。例えば、研究授業を行う際には、研究授業用の何ページにも及ぶ指導案の作成や教材の準備等があり、授業者はもとより、担当学年の教員にも大きな負担となっていたのです。

そもそも、喜沢小が目指している個別最適な学びとは、特別な日に、特別な人が、特別な準備をしなければできない授業ではありません。**日々の授業をどのように工夫・改善すれば、すべての児童が自分に合った学びに繋がり、主体的に学び続けることができるのか**を大切にして実践に取り組んできました。この視点で、改めて校内研修の在り方を見直す必要がありました。

研修推進体制についてプロジェクトリーダーを中心に検討を重ねた結果、研究授業のための指導案作成や教材準備に時間と労力を使う代わりに、年4回「個別最適WEEK」を設けることにしました。個別最適WEEKとは、全員がその期間中に授業を公開すると共に、どこの学年の公開授業でも参観でき、授業中の出入りも自由とするものです。

実際の運用にあたっては、「いつでも授業を見られる」「すぐに自分の実践に生かせる」「児童の成長に繋がる」に重点をおいて取り組みをスタートさせました。

手順としては、まず事前に各教員がクラウド上の「個別最適WEEK授業一覧」に授業予定日と個別最適な学びに関わる視点を入力しておき、指導案を作成しない代わりに児童に配布している学習計画表を公開します。授業参観の視点は、個別最適な学びにおいて重要なポイントである「単元計画」と「学習環境」の2点に焦点化しました。

個別最適WEEKの翌週には、全体研修「カタリバ（語り場）」の時間を設け、実践の成果を中心に全員で対話する機会を設定しています。研修スタイルを変化させたことで、学校全体で個別最適な学びを実践していこうという機運が高まってきました。

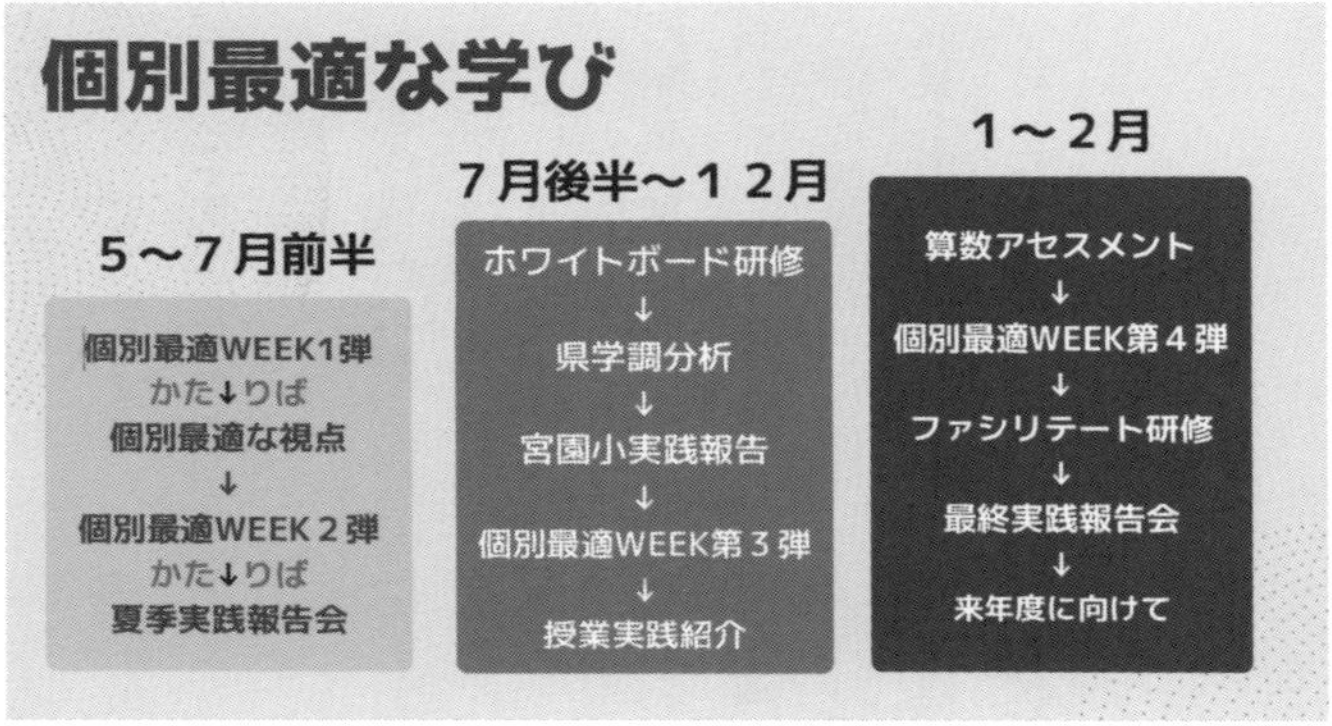

令和５年度プロジェクトの全体計画

クラス	名前	授業予定日	時間割	教科	単元名	個別最適な視点で重点におくこと	視点を具体的に
1の1		11／9	3時間目	国語	まちがいをなおそう	4学習選択・自己決定	「は」「を」「へ」の定着を図るために、自分で学習方法を選択し、学習を進める。
1の2		11／10	1時間目	算数	かたちあそび	4学習選択・自己決定	単元の習熟の時間を設定。学習内容の振り返りを具体物の操作やプリント、スマイルドリルなどを活用して、自分の進度で進める。
2の2		11／6	3時間目	算数	かけ算	1学習進度	習熟度別学習における、自由進度学習を計画中。自分で学習を進め、2～4のだんの定着を図る。
2の3		11／8	2時間目	算数	かけ算	4学習選択・自己決定	自分で学習の進め方を考え、2～5のだんの定着を図る。
3の1		11／7	1時間目	算数	円と球	2学習スタイル	自由進度学習で、円や球に関する様々なミッションに挑戦する児童の姿に注目していただく。
3の2		11／7	1時間目	算数	円と球	2学習スタイル	自由進度学習で、円や球に関する様々なミッションに挑戦する児童の姿に注目していただく。
4の1		11／7	5時間目	国語	ごんぎつね	4学習選択・自己決定	役割をとおして、登場人物の心情を読み取る
4の2		11／10	1時間目	国語	ごんぎつね	4学習選択・自己決定	役割をとおして、登場人物の心情を読み取る
5の1		11／10	1時間目	算数	図形の面積		小テストやチェック表を用いて、自分の理解度を図る仕組みを作る。また、相談や交流しやすいグループ作りを意図的に行う。
5の2		11／10	1時間目	算数	図形の面積		小テストやチェック表を用いて、自分の理解度を図る仕組みを作る。また、相談や交流しやすいグループ作りを意図的に行う。
6の1		11／6	5時間目	算数	比例と反比例	1学習進度	学習の見取り(小テスト＆グループワークを活用)
6の2		11／6	5時間目	算数	比例と反比例	1学習進度	学習の見取り(小テスト＆グループワークを活用)
主幹		11／6	5時間目	算数	比例と反比例	3学習到達度	対話や小テスト等で個々の理解度を把握しながら学び進める

令和５年度個別最適 WEEK 授業一覧（11月）

先進校への視察

令和５年度の後期に入ると、個別最適ＷＥＥＫの効果もあり、全学年で個別最適な学びの授業が日常的に見られるようになってきました。これまで相互に授業を参観したり、教材研究に熱心に取り組んできたりしてきた成果といえるでしょう。また、実践報告会等の全体研修では、縁あって先進的に個別最適な学びを推進している広島県教育委員会の村田耕一主任指導主事（当時）に指導者を引き受けていただきました。その村田氏のご厚意で、２０２３年11月に、個別最適な学びの先進校として有名な広島県廿日市市立宮園小学校へ校長と２名の教員が視察に行けることになりました。

この視察は、その後の本校の個別最適な学びの実践研究に大きな影響を与えることになります。実際に授業を参観したことで大きな発見と学びがありました。宮園小学校では、１年生から自由進度学習を当たり前のように行っており、国語・生活・図画工作の複数教科で、児童自らが学習計画を立て、学び方を選択し、協働的に学び進めることができているのです。他学年でも同様に、児童が学習の見通しをもてるよう学習計画表を工夫していたり、学習のゴールを明確に示して視覚的に分かりやすくしていたり、学びの場を教室内に限定せず選択できるようにしていたりと、多様な児童が主体的に学び続けられるために一つひとつの教材や学習環境が非常によく考えられていました。

指導する教員は、児童のつまずきを想定し、ヒントカードを用意したり、児童と対話することで思考を整理させたりと、一人ひとりへの指導・支援を着実に行っています。学んだことを児童が正確に把握しているか対話による見取りを行い、できていれば児童を褒めて承認する。不十分であれば、アドバイスしたり、違う課題を与えたりと、個に応じた指導と支援を徹底していました。たとえ間違っていたとしても、できていたところまでを具体的に褒め、目標を達成できるようにスモールステップの支援の手立てをとることは、PBSのABC分析の考え方と似ています。これまで本校が行っていた方向性は間違っていなかったことに安心を感じると共に、本校の課題を解決するためのヒントや足りなかった部分をたくさん発見することができました。

視察した教員は、宮園小学校での視察を終えた帰路の新幹線の中で明日からの授業プランを練り直し、翌日から宮園小学校の実践に近い自由進度学習に取り組みました。他の推進担当教員にも声をかけ、実際に授業を見てもらうことで授業イメージを共有しました。実践を通して手応えを得た上で、視察報告を兼ねた全体研修を行い、これまでの本校の課題を解決するためのヒントや足りなかった部分について共通理解を図り、再度校内研修の在り方を見直す提案を行いました。

その後の校内研修は、全体での集合研修の時間を減らし、教材の研究と作成の時間を確保するようにしました。そうすることで、授業の質の向上を図ると共に、個別最適ＷＥＫがさらに充実し、本校の個別最適な学びは大きく推進されていきました。

先進校視察後の個別最適な学び

宮園小学校の視察を通して喜沢小の個別最適な学びの方向性が定まりました。「教員の見取り」を通して子どもの学習到達度を図ること、「学習コーナー」等の学びの環境整備を充実させることで、児童自らが学びに向かう力を高めることの２点です。この２点を強化し、「すべての児童が『学びがわかる、楽しい』と言える授業」を目指すこととしました。

研修やＲＴＩミーティングでは、以前にも増して具体的な実践や疑問を率直に伝え合うことを大切にし、実践の共通理解を深め、教員間の同僚性を高めることに努めました。さらに、月３回ロング（約１時間半）の教材研究の時間を設け、カリキュラム検討や教材の作成、準備の時間を確保しました。これによって、教材研究に担任外教員が加わったり、他学年と合同でカリキュラム検討や教材研究を進めたりすることが可能となり、組織的な推進体制が整っていきました。

学校全体で個別最適な学びの推進が加速していった大きな要因は、教員が多様な児童一人ひとりの学びの姿を思い浮かべながら授業づくりを楽しむようになったからだと考えています。教員が協働的に楽しみながら授業づくりを進めていくと、児童の学びに向かう姿も前向きに変容していくのが実感できるようになり、同時に授業の中で児童・教員共に笑顔が増えていった印象です。単元テストも良い結果となって表れることが多くなりました。「教員が変わる」「授業が変わる」「児童が変わる」といったサイクルが回るようになったのは、常に児童を中心に据えて変化を恐れず学びの改革に挑戦してきたからこその結果だと、多くの教員が自信をもって言えるようになりました。

【実践①】算数　長さくらべ　２年生

宮園小学校での視察後、教材・体験コーナー等の学ぶ環境を充実させ、児童が「学びが楽しい」と実感できることを大切にした実践です。何より印象的だったのは、教材研究に取り組んでいる教員が笑顔だったことです。

最初に長さの単位について一斉授業を行い、学ぶべきことの習得を目指しました。その後、以下のような学習コーナーで主体的・体験的に学ぶことを通して、学習内容の定着を図ります。

【学習コーナー①】校長等身大パネル（校長の身長を測る）

児童は「校長先生は何センチぐらいかな」と、自分なりの予想を立ててから実測し、「自分と何センチ違う」と差も計算していました。

【学習コーナー②】おはじき飛ばし（１ｍ以下の距離をねらって測るゲーム）

20cm、65cm等数値の書いてあるカードを引き、おはじきをはじいて実際に計測します。自分ではじいたおはじきの距離を測り、目標との差を計算していきました。楽しみながら何回か挑戦していくことで量感を養うことにも繋がっていきます。

【学習コーナー③】１ｍ一発チャレンジ（マッケンサンバのポーズで）
あらかじめ用意されていたマッケンサンバの音楽を流し、歌詞を口ずさみながら、最後に１ｍをねらってメジャーを伸ばします。児童はゲーム感覚で楽しんで活動し、自然と１ｍを理解することができました。

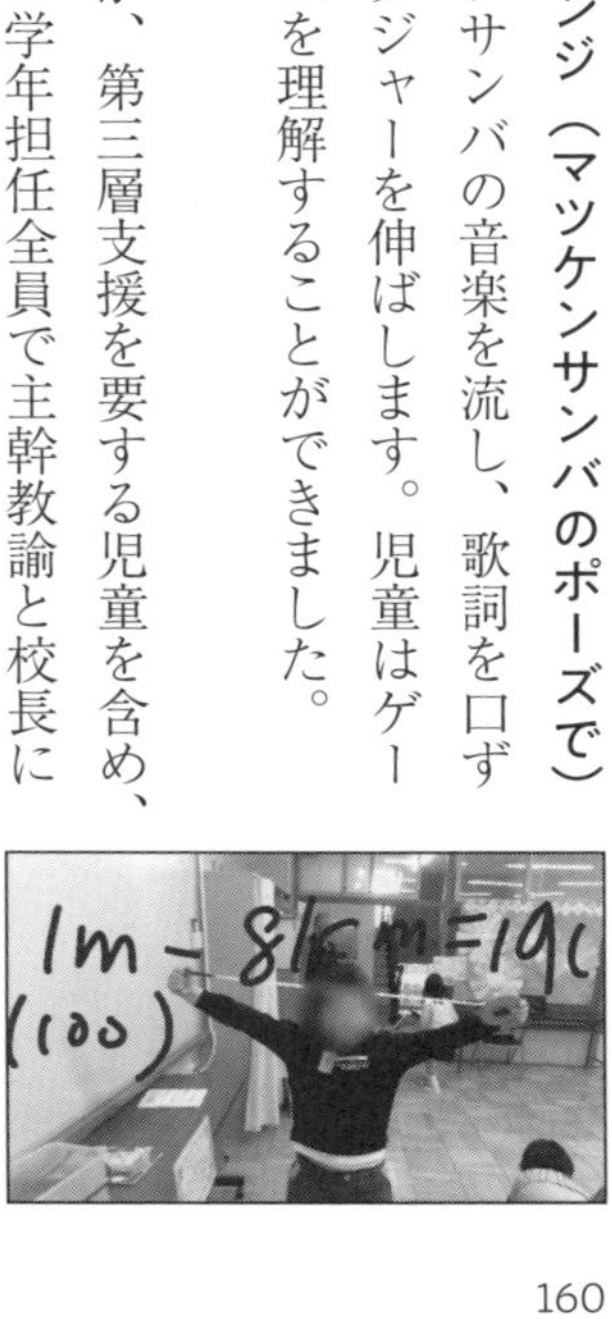

最後に単元テストを実施しましたが、第三層支援を要する児童を含め、学年全体で大変良好な結果が得られ、学年担任全員で主幹教諭と校長にテストの結果を報告しました。授業をつくることを教員が楽しみ、児童も授業を楽しみながら学習内容も定着する、その結果を担任、管理職を問わず全員で喜び合えることは喜沢小の強みだと感じました。

【実践②】社会　自動車をつくる工業　５年生
【手立て①　見取りの充実とフィードバック】
見取りを充実させるために、単元計画表に教員チェック欄を設け、児童が教員と対話する機会を意図的に設定しました。対話によって個々の児童の理解度やつまずきを把握し、一人ひとりの学習状況に応じたフィードバックができるようになります。また、学習到達度を基に、個別に支援する時間の配分を変えるなど指導の個別化を図ったことで、社会の学習に苦手意識をもっていた児童に関わる時間が増え、第二層、第三層支援を要する児童が楽しく意欲的に学習に取り組む姿が見られるようになりました。

【手立て②　主体的な学びを生む環境整備】

児童が授業の中で資料や動画をいつでも視聴できるように、学習計画表に動画のリンクをはり、自らの判断でいつでも必要な学びに繋がることができる環境を整えました。さらに、「車のペーパークラフト」「自動車開発」「プラモデルづくり」等、児童の学びを深め、興味をもって取り組めそうな教材を準備し、学習コーナーとして設置しました。児童は、学

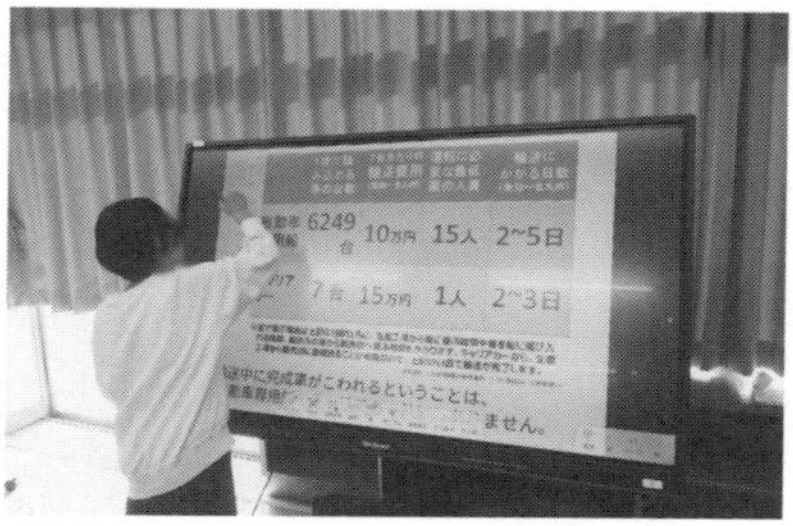

習コーナーから自分に合った教材を活用したり、学ぶツールを自分で選択したりするなど、学習環境が整えば主体的に学習に取り組み、自ら学びの幅を広げることが分かりました。加えて、第三層支援の児童を含め、単元テストの結果が大幅に上がったことも、教員にとって大きな自信となったようです。

【実践③】算数　データを活用しよう　6年生

本校の算数の時間割は、年間を通して学年で共通にしています。算数の授業を学年で行うことで学びの場の選択肢を増やし、様々な学習形態や学習方法を取り入れることができました。その中で、最も多く取り組んできたのが自由進度学習でした。

自由進度学習といっても様々な方法があります。6年生はこれまで全教科で学習単元に応じて形態や方法を工夫した様々な自由進度学習に取り組んできました。単元学習後の児童アンケートでも、自由進度学習について約9割の児童が肯定的な回答をしていました（次ページグラフ）。しかし、RTIミーティングでの専門家の方や研修の指導者からは、「残りの1割の児童の学びはどのように保障するのか」という指摘がありました。本校の目指す授業は「すべての児童が『学びがわかる、楽しい』と言える授業」なので、改善に

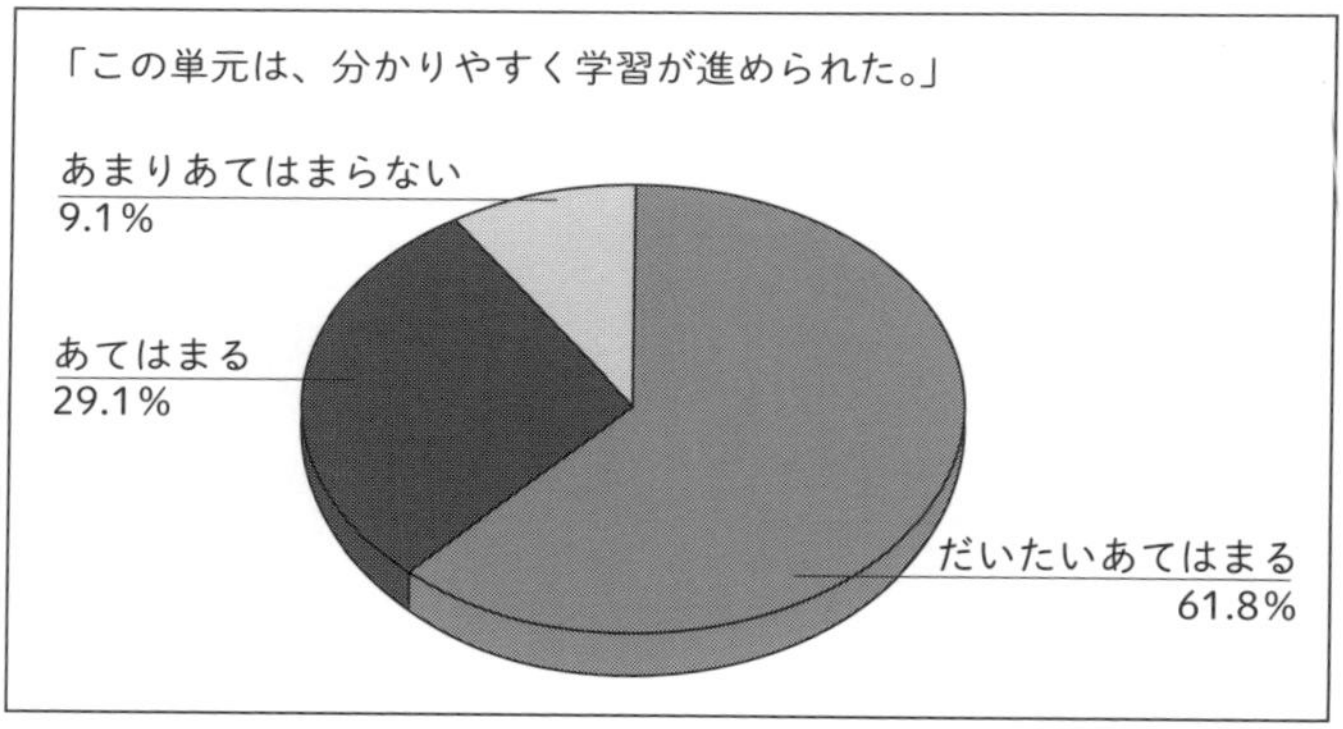
「この単元は、分かりやすく学習が進められた。」
あまりあてはまらない
9.1%
あてはまる
29.1%
だいたいあてはまる
61.8%

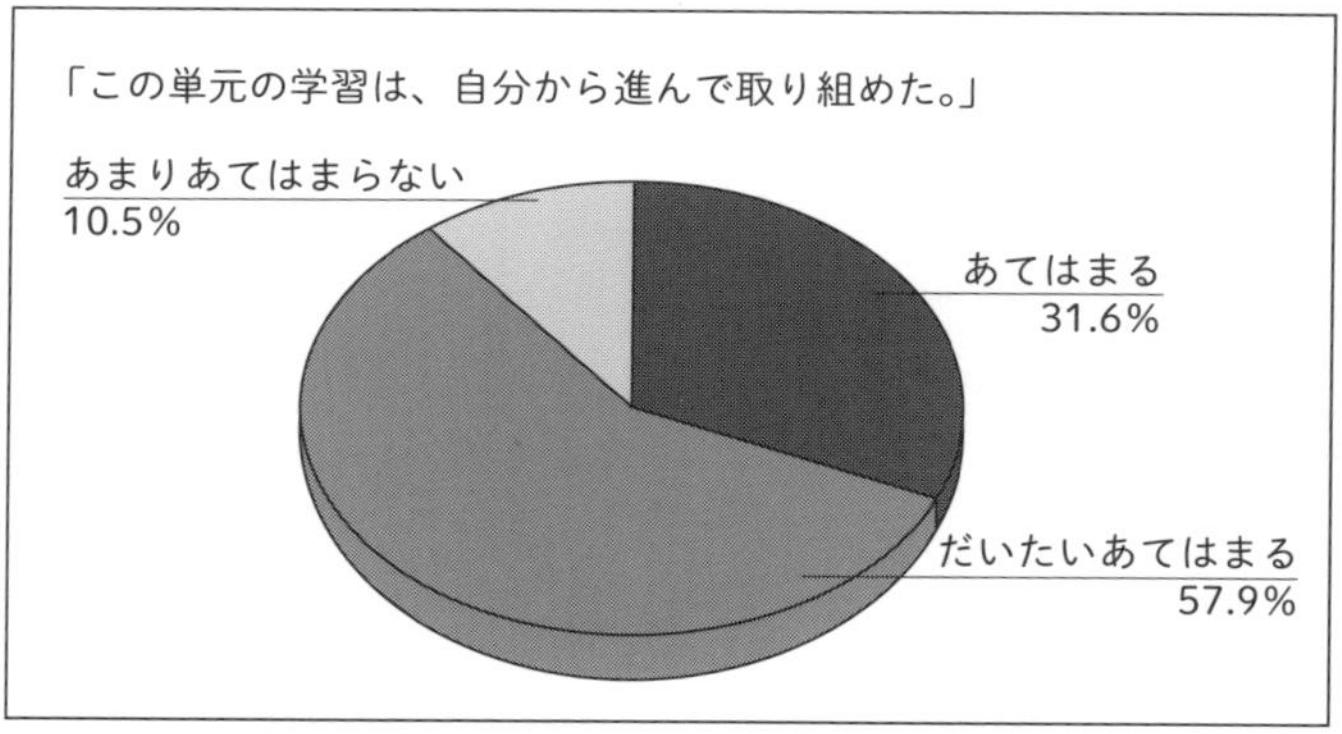
「この単元の学習は、自分から進んで取り組めた。」
あまりあてはまらない
10.5%
あてはまる
31.6%
だいたいあてはまる
57.9%

取り組んでいく必要があります。さらにアンケートを精査していくと、同じく1割程度の児童が「先生と一緒に学びたい」と回答していたことが分かりました。

【カリキュラム改善① 児童が多様な学びの場を選択できる】

その結果を受けて、算数の「データを活用しよう」の単元では、自由進度学習と複数の学びの場を児童が選択できる単元計画を作成することにしました。

まず、単元の学習に入る前に、本単元に関係する既習内容がどの程度理解できているかを把握するレディネステスト※を行います。レディネステストの結果を受け、児童がどのようなコースで学習を希望するかアンケート調査を実施し、その結果を受けて3つのコースを設定しました。

1つ目のコースは、たんぽぽルーム（多人数が学習可能な2教室分の広さがある特別教室）で自由進度学習を行います。2つ目のコースは、算数の専科担当教員が、児童のつまずきを想定し、個別の手立てをとりながら一部自由進度学習を行ったり、ときには教員主導の一斉授業を行ったりします。3つ目のコースは、既習内容が十分に身に付いておらず単元の学習に不安がある児童や自信がない児童、また静かな落ち着いた環境で学習したい

※喜沢小では、「既習内容の知識や技能を確認するテスト」としています

児童を対象にぱれっとルーム（戸田市の小中学校に設置されているサポートルーム。詳しくは第４章で説明）で学習を行います。ぱれっとルームでは、担当教員と一緒に個々の児童が自分の苦手とするところを重点的に復習したり、少人数でじっくり学習したりできるような環境にしました。

このように、複数の学びの場を用意し、児童が自分に合った学び方を選択できるようにする、多層型支援の考え方をカリキュラムに取り入れました。

【カリキュラム改善②　自由進度学習のブラッシュアップ】

本単元の自由進度学習の改善は宮園小学校の実践を参考に、単元を通して学習の見通しがもてるように学習計画表を工夫し、身に付けたい力を明確に学習カードに示しました（次ページ図）。そして、言葉の定義や公式、問題の解き方が理解できているかを把握するために、５回の習熟度確認テストを単元の中に位置付けました。

具体的には、学習計画表の中にテストの予定を組み入れ、体験的な学習と習熟する時間が往還するようにカリキュラムをデザインします。児童の主体的な学びを大切にすると共に、個々の理解度を適宜把握し、適切なフィードバックができるよう児童の見取りを充実させることがねらいです。

　また、習熟度確認テストだけではなく、教員に対して児童が解き方を説明したり、どこが分からなかったのかを説明したりするなど、教員と児童との対話を大切にしました。

　さらに、学習計画表の運用も見直し、これまで児童の学習計画表（学習状況）をオンライン上で教員が確認するようにしていたものを、紙の学習計画表に変更しました。全国的に学校現

自由進度学習	算数「データの特ちょうを調べて判断しよう」
	名前（　　　　）

学習の手引き（学習にかける時間：10時間）

目的に応じてデータを集めて、分類したり、整理したりして、データの特ちょうや傾向を考え、必要なデータを活用する力をつけよう！

☆代表値の意味を理解し、必要なデータを使って、結論を導き出すことができる。
☆度数分布表や柱状グラフ(ヒストグラム)から必要なデータを読み取ることができる。
☆ドットプロットや柱状グラフ(ヒストグラム)、度数分布表に必要なデータをつかって、表すことができる。

学習の流れ

学習活動		必ずやり終える学習			自分で決めて自由にやる学習	
		学習プリント	チェックテスト	先生チェック	復習	体験コーナー
一斉授業						
1	データから、1組2組3組のうち、どこが優勝するか予想する。(p176〜p179)	プリント①				ステップ① 1分間の前跳び対決 誰が優勝しそうか予想しよう A:10回 B:8回 C:12回
2	1組2組3組を平均で比べて予想する。(p176〜p179)	プリント②				
3	平均値を先生に説明する。SST①(先生タイム)	プリント③				ステップ② 優勝予想討論会 〜誰が予想するか伝え合おう〜
4	ドットプロットに2組と3組が跳んだ回数を表す。(p180〜p181)	プリント④				
5	ドットプロットを使って、データを読み取る。(p180〜p181)	プリント⑤ プリント⑥	CT①			
6	度数分布表の言葉を覚える。(p182〜p183)	プリント⑦				
7	度数分布表を見て、いろいろなことを読み取る (p182〜p183)	プリント⑧	CT②			
8	グラフの良さを、先生に伝える。SST②	プリント⑨			キュビナ プリント3枚	Edutown プログラミング 中央値を求めてみよう https://pg.edutown.jp/textbook/index.html
9	2組・3組が跳んだ回数を、ヒストグラムに表す。(p184〜p186)	プリント⑩				
10	ヒストグラムを見て、いろいろなことを読み取る。(p184〜p186)	プリント⑪	CT③			スグラパ いろいろ作ってみよう https://sgrapa.com/
11	跳んだ回数の中央値を求める。(p184〜p186)	プリント⑫ プリント⑬				
12	跳んだ回数を、表に整理する。(p187)	プリント⑭	CT④			自分が好きなスポーツの中で どのチームが 優勝するか予想して、先生に

場でのＩＣＴ活用が話題に挙がっていることもあり、授業を参観された外部の方に「オンラインで管理すると効率的ですよ」と助言をいただくことがありますが、この変更には理由があります。

これはＰＢＳの実践を通して学んだことでもありますが、高学年であっても、意外なほどスタンプやシールといった視覚的に分かりやすい承認ツールの効果は高いのです。その効果をねらって、児童が持参してきた学習計画表を教員がその場で確認し、努力に対して称賛の声をかけてスタンプを押し、習熟度確認テストに合格したら、スタンプごとにシールがもらえるようにしました。このシールやスタンプは、第二・第三層支援を要する児童が苦手な学習をあきらめずに、最後まで意欲的に取り組むことができた一助になったようにも感じています。

【カリキュラム改善③　児童が主体的に学び続ける環境の整備】

「環境が整えば児童は主体的に学び続けることができる」

この言葉は、本校の個別最適な学びの基本的なスタンスです。本単元では環境も一から見直していきました。まず、多様な児童が主体的に学び続けている姿を想定しながら学習コーナーの充実を考えました。思考力や表現力を高める教材、あそび感覚で楽しめる教材、友達と協力し体を動かしながら行う活動などを用意しました。

次に学びの場です。自由に自分のペースで学び進められる環境、自由に離席できる環境、好きなタイミングで先生や友達に質問できる環境を設定しました。こうした環境調整によって、集中力を持続させることが難しい児童も安心して学習に取り組むことができました。

自由進度学習を充実させたことで、授業終了のチャイムが鳴ったあとも、自主的に学習に取り組む児童や、帰宅後も学習の続きを行う児童が見られるようになり、多くの児童の学びに向かう姿が変容したのを実感しました。

単元テストの結果も大幅に向上し、第三層支援を要する児童も大きく伸びました。さらに、成果はテストの結果という定量的なものにとどまりません。「ぱれっとルームで、自分の苦手なところをゆっくり克服できてよかった」「自分のペースで学習できたし、分からないところを質問しやすくなった」「テストで問題を解けるようになって嬉しい」という、児童の言葉こそ真の成果といえます。繰り返し授業改善に努めてきた本校の教員にとって、これらの言葉は大きな励みとなりました。

すべての子供たちは学ぶための力をもっている

広島県教育委員会
義務教育指導課 教育指導監
村田耕一

令和3年度末に、先進校視察でお世話になったのが縁で、令和4年度から喜沢小学校の研究に関わらせてもらっています。視察に伺い、一番に感じたことが、先生方の子供たちへの関わり方がとても温かく、子供たちとの信頼関係ができていることでした。

(1)安心・安全な場の構築

個別最適な学びを推進しようとする際、学校（教室）が子供たちにとって安心・安全な場であることがとても大切です。視察の際に感じたことから分かるように、スクールワイドPBSの実践を積み上げてきている喜沢小学校では、取り組みを始める前からそういった環境が整っていたので、スムーズにスタートできていたように思います。

(2)個別最適な学びは考え方

広島県では、個別最適な学びは方法論ではなく、考え方と捉えています。自由進度学習などのメソッドを学ぶのが目的ではなく、こうした実践を通して「すべての子供たちは学ぶための力をもっている」「学びの主体は子供たちであり、その学びを支え励ますのが教師の役割である」といった教育観を取り入れてほしいのです。前述の宮園小学校においても、自由進度学習に取り組むのは学期に1回、全体カリキュラムの1割程度になります。その1割の実践の中で、自己調整力を発揮し、自立的に学ぶ子供の姿を見て、先生方は「すべての子供たちは学ぶための力をもっている」ことを実感し、それ以外の教育活動の中でも子供たちに委ねる場面を増やしていっています。

喜沢小学校においても、子供たち主体の考えのもと、学びの環境整備に力を入れて実践を行っています。教材研究や学びの環境整備には多くの時間と労力を要するのですが、先生方が多様な児童一人ひとりの学びの姿を思い浮かべながら授業づくりを楽しんでいるところが素敵だなと感じています。先生が楽しくやっている授業は、子供たちにとっても楽しいものだと思います。

そして、喜沢小学校の取り組みで大変参考になるのが、年間4回実施している授業公開WEEKの後に実施される全体研修「カタリバ（語り場）」です。個別最適な学びを推進する上で、教育観の転換が大切ということは述べてきましたが、その手立てとして有効なのが、「子供の姿を話題にした対話」なのです。安心・安全な場において、自分の考えを率直にぶつけあう中で、他の先生方の考え方にも触れ、自分自身の納得解を見出していく時間となります。自分が納得できると、授業づくりに楽しく取り組むことができるようになります。時間はかかりますが、こうした取り組みを大事に積み上げていくことは本当に大切です。

喜沢小学校
座談会②

チームで取り組むＲＴＩと個別最適な学び

座談会参加者

野口　晃菜　一般社団法人ＵＮＩＶＡ理事
前川圭一郎　白梅学園大学非常勤講師
藤本　恵美　埼玉県戸田市教育委員会
手塚　浩　戸田市立戸田第二小学校　校長
（前戸田市立喜沢小学校　校長）
伊藤　裕二　戸田市立喜沢小学校　教頭
岡田　悦子　戸田市立戸田東小学校　教諭
（前戸田市立喜沢小学校　教諭）
中村　和絵　戸田市立喜沢小学校　教諭
横地　真央　戸田市立喜沢小学校　教諭
細田　祥代　戸田市立喜沢小学校　教諭

学習面における課題感と「個別最適な学び」

野口 ＰＢＳに取り組んでいく中で、学習面で厳しい子もいたのではないかと思います。校長先生は、導入時はどのような問題意識があって進めようと思ったのですか？

校長 まず、ＰＢＳを進めたことによって、子供たちの笑顔が増え、学校生活の様々な場面で前向きになったという良さがありました。ただ、一方で、努力をしてないわけではないのに学力がなかなか上がらない、という課題も見えてきました。それを考えた時に、もっと「一人ひとり」に目を向けなければいけないと思ったんです。そのタイミングで、「一人ひとりが自分に合った学び方で学べているのか？」ということを考え始めました。

野口 それで、ＲＴＩや個別最適な学びを取り入れた。変えたきっかけや初めにやった取り組みはどのようなことでしたか？　先生方はいかがでしょうか。

横地 私は、令和2年度に校長先生に呼ばれて「『個別最適な学び』というものがあるよ」というところから始まりました。まだ世間的にも、そのキーワードは浸透していなかったくらいの頃です。今のように参考になる情報や書籍があったわけでもなく、本当に手探り状態でした。

野口 それに対して、抵抗感はなかったですか？

横地 個人的には意外と前向きに取り組めました。当時担当していたクラスが、どうしても立ち歩いてしまう子がいるなど、一斉授業で長い時間座っていられない子供が多かったんですよね。そういった状態と照らし合わせると、自分の困り感とマッチしている取り組みだと感じたのが大きいかもしれません。

細田 私は、これまで一斉授業しかやっていなかったので、正直「なんだそれは」と思いました（笑）ただ、その頃に横地さんと同じ学年を組むことになり、教えてもらいながら自由進度学習などの要素を授業に取り入れてみました。さすがにいきなりすべてを変えることは難しかったです。ただ、個別最適な学びのニュアンスを取り入れると、子供たちの学びが生き生きとし始めたなというのは実感していました。その実感があったので、今は少しずつ子供に学びを委ねることができるようになってきていると思っています。

野口 授業の進め方を変えるというのは、ＰＢＳの取り組みとはまた異なる抵抗感はありそうですよね。教頭先生の視点から見ていて、先生方の様子はどうでしたか？

教頭 自由進度学習は、令和5年度の後半から急にがらっと変わって一気に進んだ印象ですね。算数の授業で単元に「わくわくコーナー」[ii]を取り入れた時、「子供たちが楽しんで学んでいるな」と思いながら見ていました。さらに、その時に単元末のテストも成績が良かったんです。教員側も準備はいろいろ大変なこともあったかもしれませんが、やっぱり「子供たちが楽しく学んでいる」のを見るのが嬉しいんですよね。

また、ＲＴＩミーティングがあることで日々の取り組みを改善して、さらに効果が上がる、という好循環が生まれることも大きいと思います。

今までの学習観を転換することへの抵抗は？

野口 最初は抵抗のある先生方もいたと思います。そういった先生方の様子はどうでしたか？

教頭 福田さん[iii]が全部の学年の算数に入って、単元を一緒に考えてくれたという体験が、非常に大きい影響を与えたと思っています。「これやってみよう！」「楽しそうだよね！」と、取り組みに対してポジティブな雰囲気をつくってくれていました。

細田 福田さんが職員室でそういう雰囲気を出してくれるので、初めは抵抗のある先生たちもだんだん「楽しそうだなー」と思えてくるんです。そのうち先生自身で考えたことを提案するなど、わくわくしながら取り組む空気ができてきました。

野口 中村先生はいかがですか？

中村 私は18年間ずっと一斉授業で、特に困ったことがないし、自分でも自信がありました。だから、突然始まった個別最適な学びには正直戸惑いました。そもそも、大昔のような教え込み型の一斉授業をしていたということでもなかったので…。

ただ、確かにこの学校の子供たちも様々な特性をもったいろいろな子がいて、学力はなかなか上がらないし、学びも楽しくないと感じる子もいて、「やばい」と思ったんですよね。今まで通用してきたことが通用しない場面が増えたんです。

その時に、広島県の宮園小学校の実践[iv]を見て、もやもやしていたことが腑に落ちました。そこから、子供と対話しながら学びを進めるシステムを取り入れるようにしています。「一斉がだめ」という意味ではなくて、私はどちらも大切なことだと思います。

校長 中村さんは、新しいことを受け入れてやってみようとするマインドが素晴らしいです。ＰＢＳにしても、個別最適な学びにしても。

野口 確かに、これまでの成功体験を崩すのは抵抗感がありますよね。でも、中村先生も横地先生の姿を見て、一緒にやってみようと思えたということですかね。

横地 私たちも、最初からすぐに上手にできたわけではありませんでした。本当に様々なスタイルの取り組みをしてきました。最終的に、なんとか形としてまとまったのが今年の後半からという感覚です。中村さんが言うように、「対話」の仕組みを取り入れて、そこからさらに「見取りが大切だ」というところに繋がって、効果が見えてきました。

野口 そこでちゃんと結果がついてくるというのはすごいですよね？

校長 やはり、令和2年度から先行してやってくれていた横地さんの貢献は本当に大きかったと思います。最初は上手くいかなかったけれど、何度もブラッシュアップに取り組んでくれました。

実践を重ねてきて、今年に入って「個別最適な学び」のフェーズが変わったように感じます。それは令和5年度になってＲＴＩの回数を増やしたことで、学びの三層支援の仕組みが上手くはまってきたからだと思います。今まで行動面はＰＢＳで支援していましたが、その中心は第一層の支援でした。個別最適な学びとＲＴＩを一体的に運用し始めてから、自分に合った学びに接続できない子がいた場合、その要因を分析して、対策を立てて…、というように、先生たちも「多層型支援」を考えやすくなったと思います。

あとは、「すべてを自由進度学習で」と決めてやっているわけではありません。自由進度学習をやりたい子もいるし、教員と一緒に学びたいという子もいる。私たちが最も大切にしたのは「すべての子どもが自分に合った学びに繋がり、自律して学び続けること」です。教員は多様な学びの場を用意し、子供たちは自分に合う学び方や学びの場を安心して選択できるようにしています。

野口　一層支援だけではなく、子供全体に向けた工夫が充実していって、さらに先生方もそのメリットを実感できたのは大きいですよね。

校長　それはすごく大きいですね。教員が「誰もが学びやすい環境」を目指して工夫し、その効果が実感できたからこそ学びの改革が進んだと思います。

大切なのは学びの形態ではなく、その子に合っているか

野口　先生方にとって「授業のやり方を変える」って、すごくハードルの高いことだと思うんです。普通は自分の授業に合わない子がいると、「その子は個別支援の対象に」と言いたくなっちゃいますよね。それがインクルーシブ教育を阻害している一因だとも思うのですが。それをせずに、自分たちの方法をさらにブラッシュアップして、最大限この学級の中でできることをやろうというところが素晴らしいですね。

校長　本当にそう思います。ぱれっとルームで学びたい子、みんなと一緒に学びたい子、教員と学びたい子など、みんながそれぞれ自分のやりたいところで学ぶのが当たり前という価値観が子供たちの中にも根付いています。その要因は、先生たちの日々のＰＢＳに基づいた学級経営が生きていると思います。

　また、自由進度学習と言わずに「個別最適な学び」と言っているのは、真に「一人ひとりに合った学び」を目指したいからです。自由進度学習でも、一斉指導でも、グループ学習でも、一人ひとりが適切に学べている状況をつくれているかが大事だと思っています。

野口　こうして先生方が学びの工夫を積み重ねることができている要因ってどんなことにあるのでしょうか？　やはりＲＴＩを重ねて、学習の成果や分析をデータに基づいて取り組んでいる

ことにあるとは思います。でもたぶん、そういうのも先生にとって抵抗はあると思うのですよね。それは皆さんどう感じたのでしょうか?

横地 確かに私はデータで考えるということ自体難しそうだなと思っていました。ただ、データがなくても話し合える部分もありますし、意外とすんなり実践できていたように思います。

校長 本校の先生たちはテストの結果で一喜一憂するのではなく、子供の学びの様子や出てきた数字をしっかり分析して、「次こうしようか」と常に改善に生かそうとしています。例えば、いわゆる「テストの点がとれない子」がいたとしても、「この子は支援学級に行ったほうがいい」なんて話はRTIミーティングでは出てきません。その子も学べるように学びの場をどう変えていくか、いつも前向きな話し合いになっています。

藤本 そのマインドの在り方を知りたいです。例えば家庭環境とか、先生が「自分の学級では難しい」と思う要因ってたくさんあると思うのですが、それがこの学校ではないですよね。

中村 もちろん、その子が学びやすい環境にできているかどうかは第一に考えています。その中で、子供ってすごく成長するタイミングがあるんですよね。それがあるから、私も頑張りたいと思えます。子供たちも、悪態をついたり集中が切れたりしてしまうこともあるのですが、心から悪いことをしたいと思ってるわけじゃないはずなんです。

「排除しない」空気はどうつくられるのか

中村 私が感じるのは、何年もＰＢＳを学校全体で続けてきて、それが根付いていることも大きいということです。子供同士で支え合って、困っている子を排除しない空気ができています。

野口 先生方が、ひまわり[vi]の子もクラスの一員として見ている空気感をつくっているからこそですね。岡田先生は、特別支援学級のご経験が長いですが、今の学校の様子についてどう思われますか？

岡田 私は、特別支援学級での学びと個別最適な学びはすごく強く結びついているんじゃないかと思っています。特別支援学級には教科書がないので、「目の前のその子を見て授業を創る」という楽しさがあるんです。だからこそ、校長先生も特別支援学級の授業こそが教育の原点だという話をされるのだと思います。

　この教育の原点の楽しさを今、他の先生方も感じているのではないかなと思っています。今、喜沢小学校では「自分たちで授業をつくり上げる」という教員側の楽しさと、「自分に合った環境で学べる」子供たち側の楽しさがリンクして、困りごとのある子も過ごしやすい学校になっているのではないかと感じています。「この子は第三層支援が必要だから特別支援学級」ということではなく、「その子」を見て、「第三層支援が必要だからこういう支援をしよう」と通常の学級でも行ってくれていることの素晴らしさを実感しています。

野口 そういう意味で考えると、学びの観点においても、特別支援学級ではこれまでも当たり前にやっていた「個々のニーズに応じた指導」を通常の学級でも実践しよう、ということなんですよね。

校長 特別支援学級では個別の指導計画を立てるなど、一人ひとりに合った学びを考えていきますが、そもそも通常の学級でも在籍している子供は一人ひとり違うので、個に応じた指導が求められます。そのための「個別最適な学び」です。全教職員が「一人も見捨てない」という気持ちで、日々の教育活動に奮闘しています。

野口 校長先生もおっしゃる通り、「その子のせいにしない」という考えがベースにあるのがすごいですよね。その子を変えるのではなく、その子を取り巻く環境や働きかけを変えようというマインドで動いている。しかも、「チームで考える」という根幹がずっとブレずにいるなと思っています。

校長 そうですね。「学び手は常に正しい」ということを、教員が理解した上で実践を進めています。その考えを基に個別最適な学びを続けてきて、今年、やっと子供たちのテストの結果にも数字として成果が表れてきました。教員にとって、子供に学びのハンドルを預けることはすごく怖いことだと思います。特に低学年の先生には抵抗感があったと思います。

そこで一歩進めたのは、福田さんの存在が大きかったと思います。学年チームの中に入ってカリキュラムと教材を一緒に考え、実践に伴走してくれました。子供にとって楽しい教材をつくると、低学年の子でも自分たちで学びを進めることができるということに実践を通して教員が気付き、それから全学年で個別最適な学びが一気に加速しました。

野口さんがおっしゃる通り、「子どもを変えるのではなく、環境を変える」ということが大切で、ＰＢＳの考え方が生かせていることを実感しました。

先生たちにとっての負担感は？

野口 ありがとうございます。先ほど、抵抗感があったという話がありましたが、「負担が増える」という側面も抵抗を感じる１つの要因だと思いますが、担任の先生方から見てどうですか？

横地 私は実は、授業の準備に負担を感じたことがありません。最初に計画表は考えますが、進めていく段階で「あ、これが必要だな」と付け足していくイメージです。一気に準備しているわけではないので、長時間の作業で時間をとられることはありませんでした。

野口 精神的な面での負担などはどうですか？

中村 私も、授業を考えるという意味ではどんな授業の形でも同じなので、プラスαで負担に感じることはなかったです。一斉授業でも個別最適な学びでも、同じですかね。

細田 私は、新しい算数の単元が始まる時はつくるものが多くて、準備に遅くまでかかったこともあって大変でした。ただ、1回の準備で3～4時間は使えるのでトータルでは同じくらいかなと思います。あとは、3クラスに分けていますが、似た特性の子に対して準備ができたこともそこまで負担に感じなかった要因かもしれません。一斉形式だと1つの授業で逐一幅広く考えなきゃいけませんが、今は役割分担でその子のレベルに合った準備ができるので、時間はかかるけど負担が大きすぎるという感じはないですね。

野口 なるほど。そういう意味では、チームで取り組んで役割分担をしているのが大きいですよね。

細田 はい。これは1人ではできなかったと思います。

あとは、教員自身の特性っていうのもあったかもしれません。私は楽しいことをどんどんやりたいタイプだったのですが、丁寧に進めたいという人もいますよね。そういった教員側の多様性を生かせたことで、各々の得意を発揮できたのかなと思います。

野口 確かに、その観点はなかったですね。先生方も得意なところに集中して取り組めたということですね。

藤本 先生方、管理職のお2人も含めた皆さんで算数の教材をつくるなど、本当に皆さんで楽しんでいらっしゃったのがすごく印象的でした。

教頭 私は、そういう部分でＲＴＩが上手く機能してるんだろうなと思ってます。昔の「学年会」

がそういう雰囲気でしたよね。上手くいった、いかないをみんなで共有して、アドバイスをもらって、良い教材をみんなで考えて…。今まで自然と行われていた学年会のような場をしっかり月1回に設定したことで、ブラッシュアップして効果的な教育を追究できたということが楽しかったんじゃないかな、と考えています。

野口 先生方にとっては、ＲＴＩそのものに対して負担はなかったのですか？

中村 私はいきなり担当を任されたので、言葉の意味が分からなくて大変でした（笑）

取り組み始めた最初の頃はケース会議のような形式になっていて、他の先生たちから「こんな日にやるの？」「忙しいんだけど」という声が聞こえてきて嫌だったんですよね。ただ、夏休みを境に「一層支援の、授業改善に繋がるＲＴＩにしよう」と変わってから、まず私自身がすごく楽しくなりました。他の先生たちも、他学年の取り組みを自学年に取り入れるような空気もできてきたように感じています。もちろん時間的な負担はあるとは思いますが、後半からは軽めになったんじゃないかなと思っています。

細田 私も、前半の頃は終わった授業の振り返りのような形で、他の学年の子のこともそれほど深くは知らないので、話に入っていけない感じがあるような気がしていました。ただ、後半からはすぐに取り組めることについての話題が増えて、「未来志向」の会議になったように思っています。実際にそこで決まったことに取り組んで、次のＲＴＩの時には効果が出てると、みんなで喜んだり。それは楽しかったしいい時間だったなと思っています。

野口　校長先生はどうでしょうか？　1年間の中でやり方を変えるみたいなこともあったと思うのですが。

校長　RTIを本格的に運用したのは令和5年度からでした。これまでスクールワイドPBSで一層支援に取り組んできたこともあって、当初はRTIを行動の第三層支援で取り入れた方が導入しやすいと考えました。それと同時に、岡田さんを中心に15分で完結するサポートミーティング[vii]の構築と運用の検討を始めてもらいました。夏季休業前頃にはサポートミーティングの運用に目途がついたことで、行動の第三層支援の役割をサポートミーティングに移すと共に、RTIを学びの支援システムにシフトさせました。この変更には否定的な声も結構ありましたが、中村さん・細田さんの話にもあった通り、本当に生き生きして授業について話し合っている姿が見られたので、変えてよかったと思っています。

　RTIの取り組みを通して最も素晴らしかったのは、担当の中村さんが運用を何回も試行錯誤しながらブラッシュアップしてくれたことです。半ば強制的に担当をお願いしたのですが、議論が深まらなかったり、授業改善に繋がらなかったりした時はヒアリングや分析をして改善策を提案してくれました。これが後半の教員の満足度に繋がったと思います。中村さんを中心にミーティングの質的改善が進んだことで、それに合わせて学びの改革の成果が全体に波及していったと思います。

喜沢小の自慢の1つは教員のブラッシュアップ力だと思います。今振り返ってもみんなで「あの子のために」と常に改善を考えている姿勢が本当に素晴らしいと思います。

野口　RTIの様子を外から見ていると、他のクラス・学年の子の話題でも、押し付けやマウントじゃなくて、自分事として考えてくれる先生が多いですよね。この空気感は、これまでの話の通りでPBSの取り組みがベースにあったり、PBLで「子供たちの幸せのためにアイデアを出す」という積み重ねがあったり、いろいろな要素でできていると思います。

なかなかすべての学校で再現をするのは難しいかもしれませんが、様々な取り組みを続けてこられたからこそ、たくさんのヒントがあるように感じます。

i RTIミーティングの内容については第3章にて詳説。
ii 子供たちが自らの学習を終えたあとに体験的・協働的に学びに触れられるスペース。
iii 喜沢小学校主幹教諭（R3～5年度）。R4～5年度は研修主任も兼務。
iv 単元内自由進度学習を先行的に実践する広島県の公立小学校。喜沢小学校も視察に。
v 戸田市の小中学校に設置されているサポートルーム。喜沢小学校では学習場面でも活用している。
vi 喜沢小学校における特別支援学級の名称。
vii 第2章99ページにて詳説。

第4章

多層型支援のための校内支援体制

1

学校課題研究を軸とした校内組織と働き方改革

新たな学校づくりに「全員で」挑む

「すべての児童が『学校生活が楽しい』『学びが楽しい』と言える学校」が本校の目指す学校像です。この目指す学校像を実現するために、スクールワイドPBSや個別最適な学び等の実践に全教職員で取り組んできました。各実践についてはこれまで詳しく取り上げてきましたが、新たな学校づくりを目指すにあたっては、全員が同じ方向に向かって取り組んでいくことが重要です。そのために、全体で共有を図る時間や教員個々の学ぶ時間、実践のための検討・計画・準備する時間を確保しなければなりません。それらを限られた時間の中で進めていくためには、校内研修（学校課題研究）の焦点化、校内組織の整備、施設の効果的な活用など、全教職員が協働できる体制を築くことが必要不可欠でした。

学校課題研究

校内研修の見直しのポイントは２つに絞りました。１つ目は、学校経営の重点と学校課題研究の連鎖を図ったこと。２つ目は年間を通して様々な研修に取り組んでいた校内研修の内容と時間を学校課題研究に集中させたことです。

令和２年度は、導入したスクールワイドＰＢＳを研究の柱として、研修の時間の多くをＰＢＳへの理解や教育活動への実装に費やしました。令和３年度になると、教育活動に定着してきたＰＢＳの質的な向上とその成果を学びにも生かすために、学校課題研究の副題を「ＰＢＳ×ＰＢＬ」と定め、今に繋がる学び支援と行動支援の二方面の実践研究に着手しました。さらに、令和４年度からは、学び支援をＰＢＬにとどまらず、すべての教科等を個別最適な学びにしていくことを研究の軸に据えました。３年間の研究を経て、ＰＢＳによる行動支援と多様な児童に個別最適な学びを推進していくという研究の方向が明確になり、それらを多層型支援で取り組んでいくこととして、令和５年度は「多層型支援で児童と創る（ＰＢＳ×個別最適な学び）」を研究主題に掲げました。

言うまでもなく、本校にとって学校課題研究は「すべての児童が『学校生活が楽しい』

『学びが楽しい』と言える学校」にするための手段です。学校経営の重点と学校課題研究の連鎖を図り、校内研修を学校課題研究に集中させたことで、目指す学校像に直結する取り組みの時間を確保することができました。また、毎年学校課題研究の柱やテーマが変わっていったのは、実践によって目指す学校像にせまるための次の課題が明らかになったためです。ＰＢＳの導入で始まった多様な児童一人ひとりに応じた行動支援と個別最適な学びの実践研究を進めていくことが、目指す学校像の実現に近づくと考えており、その先には将来児童一人ひとりが持続可能な社会の創り手となることを見据えています。

プロジェクト型組織

どこの学校でも同様だと思いますが、研究実践を進める上で「時間」の確保が大きな課題でした。校内研修の

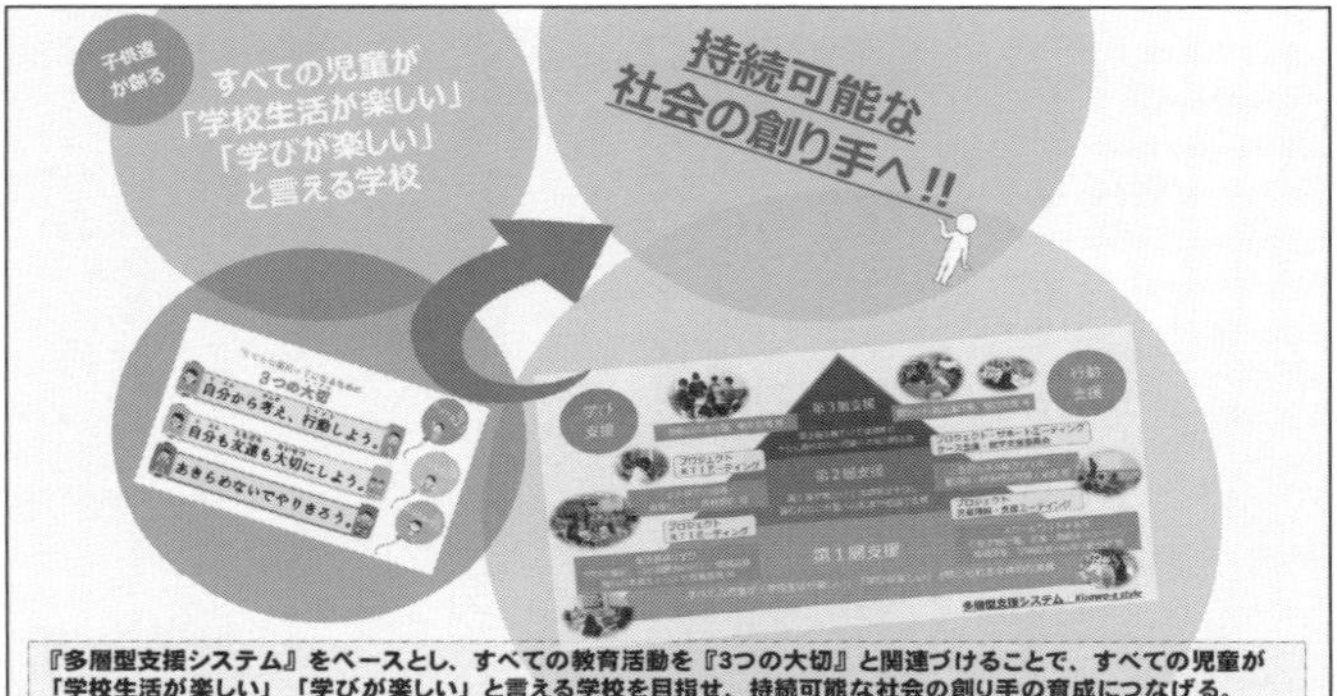

『多層型支援システム』をベースとし、すべての教育活動を『3つの大切』と関連づけることで、すべての児童が「学校生活が楽しい」「学びが楽しい」と言える学校を目指せ、持続可能な社会の創り手の育成につなげる。

見直しによって全体で共有を図る時間の確保はできたものの、研究推進や実践のための検討・計画・準備する時間の確保も必要です。ただし、時間だけを確保しても研究実践を推進することはできません。活動時間を確保した上で、効果的・効率的に組織として運用していく仕組みづくりの必要性を感じました。

組織というと、公立小学校では、①教科・教科外等の校務分掌、②（学力向上・研究推進・生徒指導等）の委員会、③研修等の組織等が一般的です。本校では、令和2年度まで②の委員会機能を2つのプロジェクトに集約し、Aプロジェクトが学力向上と研究推進委員会を、Bプロジェクトが生徒指導委員会の機能を担う形で取り組んでいました。令和3年度からは、さらなる研究実践の推進と効率化を図るため、以下の視点で組織全体をブラッシュアップすることにしました。

・全教員が1つのプロジェクトに所属し、かつ、学年内でAプロジェクトとBプロジェクトの両方に参加する。

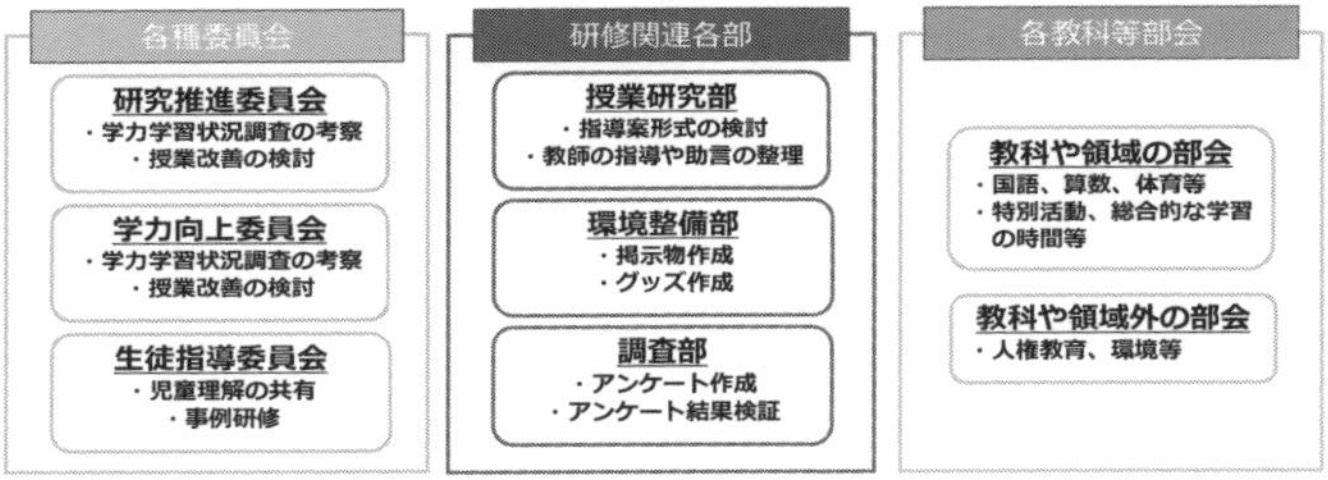

公立小学校での校務分掌組織例

・Aプロジェクトが学び支援（個別最適な学び）、Bプロジェクトが行動支援の推進を担当することで、全員が研究推進委員となる。

・定期的に開催する部会や委員会、研修の企画・運営といった校務分掌の機能をA・Bプロジェクトの中に組み込み、学校全体の業務効率化を図る。

・プロジェクトリーダーと管理職のミーティングを週に一度設定する。

・プロジェクトの決定事項は即座に実行できる権限をもつ（企画委員会・職員会議に諮らなくてよい）。

学校課題研究と主要な校務分掌を一体的に取り組むプロジェクト型組織（下図）へと転換したことで、教職員が主体的に活動し、互いに協力しながら、新たな価値を創造することができるようになりました。

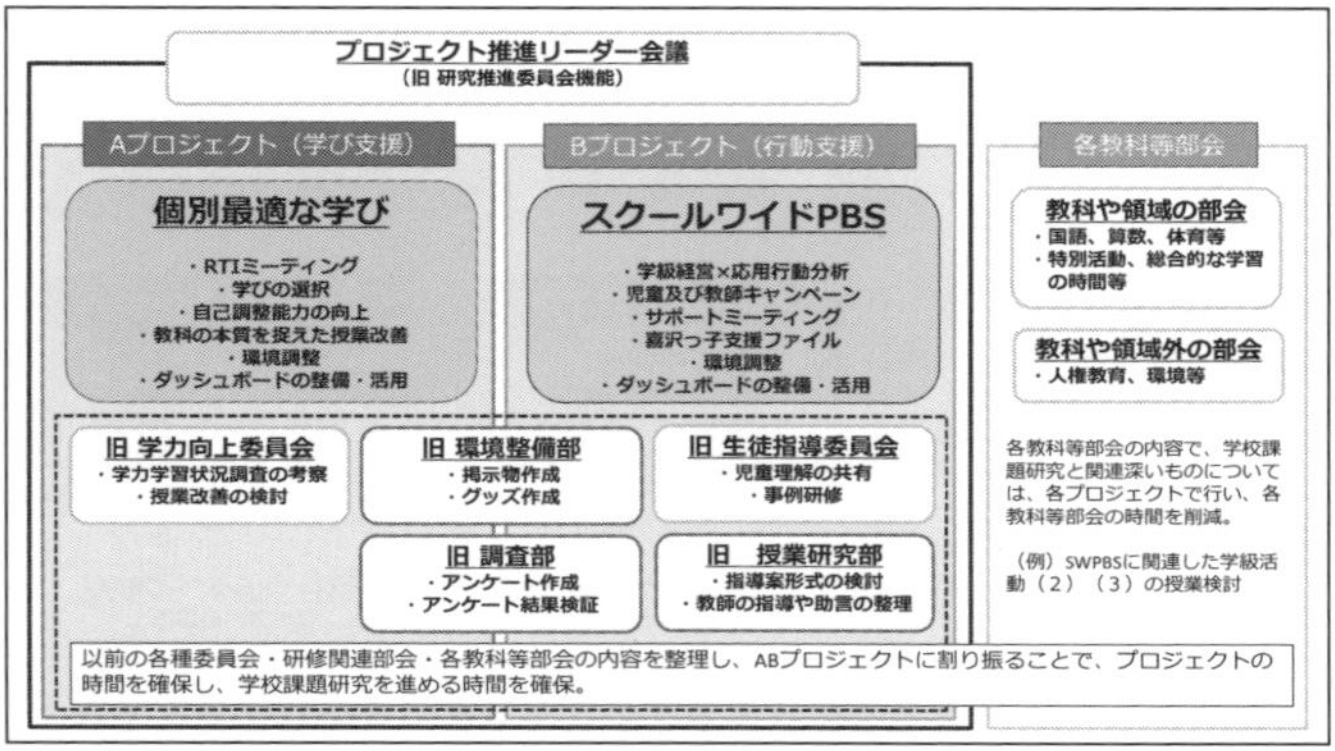

令和３年度以降の組織

働き方改革

プロジェクト型組織が機能するようになると、各種会議回数や時間を削減でき、教職員の働き方改革にも効果が表れ始めました。また、スクールワイドＰＢＳや個別最適な学び、ＲＴＩミーティングなど学校課題研究で推進してきたことも、一見すると取り組むことが増えて負担が大きくなったように感じますが、実際は働き方改革の上でも有効だったと感じています。以下、いくつかの取り組みを働き方改革の視点から振り返ります。

①働き方改革の視点で見た「スクールワイドＰＢＳ」

前述の通り、スクールワイドＰＢＳは、罰や叱責ではなく、肯定的、教育的、そして予防的な方法で児童のポジティブな行動を支援する教育アプローチで、児童の社会性と主体性を育み、問題行動の予防に重点を置いています。具体的には、望ましい行動が育まれる環境を整備し、望ましい行動を教え、その行動が見られた際には積極的に承認することで、児童の望ましい行動を増やしていくものです。このアプローチを実践することで、学校全体で児童間のトラブルや問題行動、不登校が減少し、教員がこれらの問題や課題に対応することが少なくなったことで時間に余裕が生まれることになりました。

②働き方改革の視点で見た「RTIミーティング」

RTIとは、児童が教員の指導や支援に対してどれだけ反応したかを測定し、単元テストなどの定量データや教職員が記録する定性データ等を根拠として追加の支援や指導法の見直しを行っていくシステムです。令和5年度から、検証と支援・指導の見直しをするRTIミーティングの時間を月1回、校内研修の時間に位置付けました。本来、こうした取り組みは指導と評価の一体化の観点からも当たり前にやるべきことですが、多忙を極めている学校現場ではなかなか実践できていないのが現状ではないでしょうか。

本校では、個別最適な学びの検証として校内研修の時間に位置付けたことで、単元終了ごとに授業を振り返る時間を確保し、効果的な指導法や成果が表れなかった要因を分析し、次の単元のカリキュラム検討や授業のブラッシュアップに生かしています。学年ブロック合同で行うことで、教員個々が行っていた教材研究や授業準備の時間を短縮することが可能となり、経験年数の少ない教員にとっては、教材研究のやり方を学んだり、授業の質の向上に繋がったりするなど、多くのメリットが見られました。

③教育データの一元化

RTIやサポートミーティングの実践を通じて、教育データの重要性を改めて認識することになりました。学校現場では、学力調査や単元テスト結果、各種アンケートなど、多岐にわたる教育データを各教職員が個別で管理しているのが現状です。これらのデータをより効果的かつ効率的に活用するため、本校では教育データの一元化を推進しました。

本校の教育データは、単元テスト結果、県学力・学習状況調査、全国学力・学習状況調査、非認知能力調査、WEBQU、各種校内アンケートなど、多種多様で数も多くありました。これだけの教育データを校内だけで一元化し、効果的に運用していくことは人的・技術的リソースの面で困難だったため、市教育委員会の支援を得ることにしました。市教育委員会と共同で開発を進めたことで、実際に活用する教員の意見が取り入れられた使い勝手の良いダッシュボードを構築することができました。

児童支援に関わる教育データを蓄積し、「必要な時に」「すぐに」必要なデータにアクセスできるようになったことで、会議資料の作成や準備に要する時間が大幅に削減されました。児童への指導・支援を検討する会議においても、データに基づき、多角的な視点から検討できるようになり、より客観的で効果的な指導・支援計画が立てられるようになっていきました。

2

「ぱれっとルーム（校内サポートルーム）」の活用

学びの場を選択する仕組み

戸田市では、「誰一人取り残されない」教育の実現を目指して、令和４年度に「戸田型オルタナティブ・プラン」を策定し、不登校への総合的な施策を進めています。その一環として、２０２２年11月から戸田市内全小学校に「ぱれっとルーム」が設置されました。

ぱれっとルームは、専任の担当者が週４日配置され、不登校の「未然防止」「早期発見・早期対応」「適切な支援」の場として活用されています。本校でも、児童が教室や集団に気持ちが向かない時の場、クールダウンの場として活用していましたが、不登校による長期欠席児童が少ないこともあり、学びの場としても積極的に活用することにしました。

ぱれっとルームでは、静かで落ち着いた環境で学べます。学びの場を選択するのは教員ではなく児童自身です。利用している児童は、みんな笑顔で生き生きと学習に取り組む様子が見られます。児童にぱれっとルームで学ぶ理由を聞いてみると、**「分からないことをすぐに聞ける」「自分のペースで進められる」「できるようになる」から楽しい**という声がありました。これらの声からも、すべての児童が「学校生活が楽しい」「学びが楽しい」と言える学校づくりにおいて、ぱれっとルームがなくてはならない重要な役割を果たしていると考えています。

自分で選択して「ぱれっとルーム」で学ぶ児童

3

多様性の理解と尊重を育む教育活動

すべての児童のウェルビーイング

自分らしくいられる学校

「すべての児童が『学校生活が楽しい』『学びが楽しい』と言える学校」を目指し、本校では一人ひとりとすべての児童のウェルビーイングを大切にした教育活動を行っています。日本における幸福学研究の第一人者である慶應義塾大学大学院教授の前野隆司氏は、人が幸せを感じるために重要な4つの因子があると提唱しています。本校では、そのうちの「ありのままに」という因子の「自分らしく」を「3つの大切」の「自分も友達も大切にしよう」の視点にしています。すべての児童が自分らしく学校生活を過ごし、学ぶことができるよう、スクールワイドPBSや個別最適な学びといった学校課題研究と並行して、多様性の理解と尊重を育む教育活動を推進しているその例をご紹介します。

①全学級で多様性理解授業を実施

本校では、毎年全学級で多様性理解授業を実施しています。特別支援教育コーディネーターが、各学年の実態や発達段階に合わせたカリキュラムを作成し、児童一人ひとりが、得意なことや苦手なことがあることを理解し、自分らしさや相手らしさを認め合うことができるように工夫しています。

令和５年度には、２年生の授業で、ＰＢＳの視点を取り入れ、ペアになって互いのいいところを見つけ、それを伝え合う活動を行いました。授業後には、「もっともっと友達のいいところを見つけたいと思いました」「苦手なことがあることは、悪いことじゃないと分かりました」「自分にもいいところがあることが分かりました」など、児童からたくさんの嬉しい声が聞かれました。

児童が自分自身の行動に生かせるよう、多様性を認め合い、

２年生多様性理解授業の様子

尊重し合うことの大切さ、そしてその良さを実感できるように、今後も全校で多様性理解の授業を継続し、より良い学びの機会を提供していきたいと考えています。

②日本語指導と多文化共生社会への理解を深める授業

近年、外国にルーツがある児童が増えてきています。本校では、日本語指導が必要な児童に対して、個別指導や少人数指導、各教室への入り込み指導など、児童の日本語習得レベルに合わせた指導を行っています。ただし、単なる言葉の習得にとどまらず、児童が学校生活を楽しく過ごし、学びへの意欲を高められるよう、様々な取り組みを行っています。例えば、日本語を学習している児童同士が交流する「グローバルミーティング」を定期的に開催したり、他校にて日本語指導を受けている児童とオンラインで繋がり交流を深める活

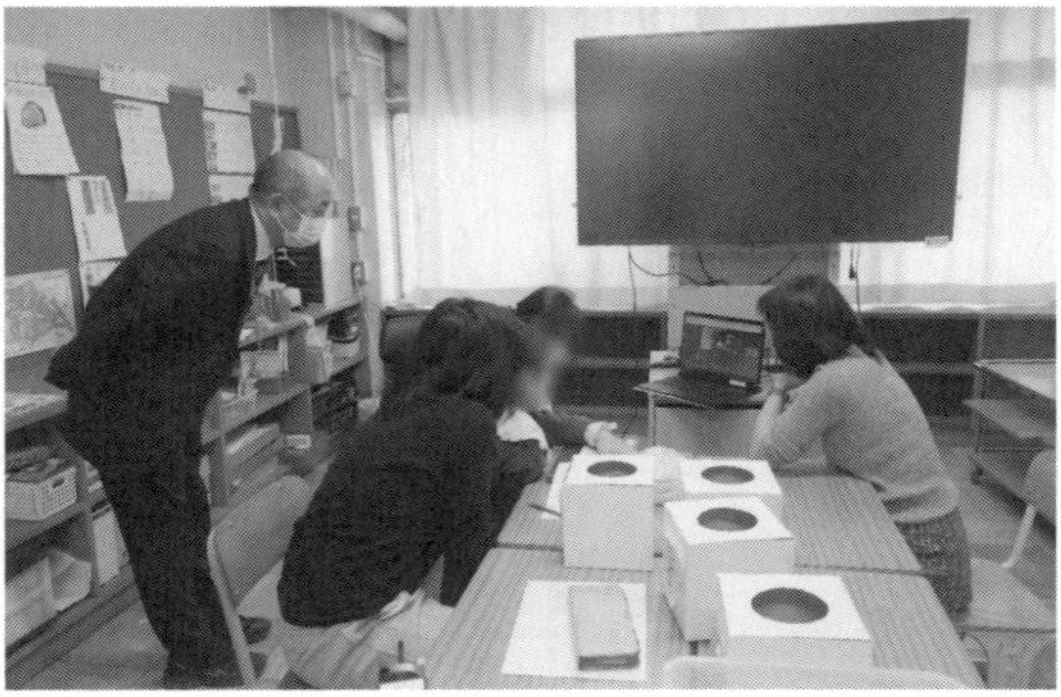

他校とのオンライン交流

動を行ったりしました。これらの活動を通して、児童たちは、自分の気持ちを言葉で表現できるようになったり、友達との関係を築けるようになったり、積極的に学校生活に参加できるようになったりしていきました。

一方で、日本語が母語の児童に対しても、多文化共生社会への理解を深める授業を行うことの必要性も感じていました。そこで、これまでの多様性理解授業に加えて、多様な言語・国籍をテーマとした授業も実施しました。授業を通して、児童たちは、日本語を母語としない友達が頑張っていることや困っていることを理解し、積極的にコミュニケーションをとろうとするようになっていきました。

①②のような多様性理解授業や日本語指導は、すべての児童が「学校生活が楽しい」「学びが楽しい」と言える学校づくりのために、必要不可欠な教育活動であると考えます。

③誰もが学べる環境の整備

公立小学校には、様々な特性や障害の有無、国籍など多様な児童が在籍しています。多様な児童全員が学びやすい環境を創出するためには、児童の学びの効果を高めるためのツールの整備も不可欠と考えています。近年では、比較的安価でありながら、誰もが学びやすくなる効果が期待できるツールが増えてきています。

本校では「イヤーマフ」「リーディングルーラー」「ついたて」「タイムタイマー」などを、特別支援学級だけではなく、通常の学級も含めた全教室に配置しています。また、図書室にも、「リーディングルーラー」を複数枚用意しています。

これらのツールは、特定の児童のためのものではなく、特性や障害の有無にかかわらず、誰もが使えるものとしています。自分に合ったツールを選択できれば格段に学びやすくなり、効果的に学習を進めることができるのです。導入時には、全校オンライン朝会で、「必要な時に、誰でも、いつでも使うことができる」ことを全校児童に周知しました（次ページ写真）。

実際にこれらの道具を使った児童からは、「学習に集中できるようになった」「落ち着いて学べるようになった」などの肯定的な声が多く聞かれるようになりました。一方、一部

イヤーマフとついたてを使用する様子

の学級では、道具の数が足りず、「使いたいのに使えない」という声も上がってきました。これは、多くの児童がこれらの道具の有効性を実感し、積極的に活用しているニーズの高さを表しているとも言えます。

全教室にこうした道具を整備したことで、特別に支援が必要な児童だけではなく、すべての児童が必要だと感じた時に自由に使えるということが共通認識となりました。今後も、多様な児童のニーズに合わせて、よりインクルーシブな学習環境を整備していきたいと考えています。

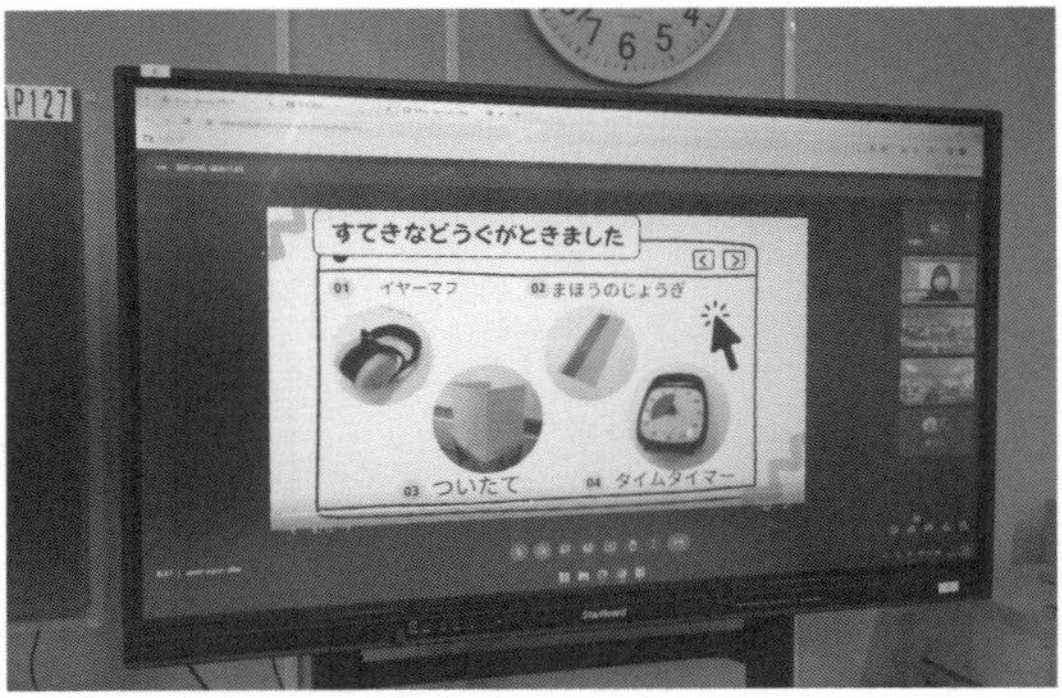

全校オンライン朝会で児童に周知

4

脱・自前主義

外部との連携・伴走体制をつくる

産官学連携と対話を重視した研修スタイル

社会構造の変化やＡＩなどの技術革新が加速していく中で、不登校・いじめ問題・特別支援教育・貧困・外国にルーツのある児童など、学校教育を取り巻く社会的な背景は、ますます多様化し、複雑さを増しています。このような状況下では、従来の一斉一律型の授業や画一的な指導だけでは、児童一人ひとりの多様なニーズに応え、個を伸ばす教育を行うことが困難となっているのが実情です。

本校では、これまで述べてきたように、スクールワイドＰＢＳと個別最適な学びを軸に、多層型支援システムを取り入れて、新たな視点からの授業改革と児童支援によってインクルーシブな学校づくりを進めてきました。これらの取り組みを効果的に進めるためには、教員の教育観をアップデートし、専門性を抜本的に向上させることが不可欠です。

しかし、従来の学校教育をベースとした教員研修だけでは、急速に変化する教育現場のニーズのすべてに対応することが困難となってきているため、令和５年度には、産官学連携による最先端の知見を教育活動に取り入れると共に、対話を中心とした新たな研修スタイルへとシフトすることで、全教員が最新の教育観と専門性の向上へとアップデートすることを目指しました。

令和５年度に、産官学と連携した主な取り組みや研修は以下の通りです（順不同、複数回実施あり）。

①学校課題研究への伴走支援

一般社団法人ＵＮＩＶＡ理事　野口晃菜氏

②教室訪問・ＲＴＩ支援

東京学芸大学非常勤講師（当時）　前川圭一郎氏

株式会社ＬＩＴＡＬＩＣＯ

③多様性理解・異業種視察研修
ダイアログ・ダイバーシティミュージアム「対話の森」
株式会社LITALICO本社
④コーチング・ファシリテーション研修
アチーブメント株式会社　橋本拓也氏
⑤個別最適な学び実践研修
広島県教育委員会　学びの変革推進部義務教育指導課教育指導監　村田耕一氏
⑥先進校視察&フィードバック研修
広島県廿日市市立宮園小学校
とどろみの森学園（大阪府箕面市立止々呂美小・中学校）
軽井沢風越学園
⑦データ利活用研修
戸田市教育データ利活用アンバサダー　森俊郎氏
年間を通して多くの専門家や指導者から御指導・御支援をいただきましたが、特に研修においては、専門家からのインプットだけではなく、**必ず、教員との対話をセットした研修になるよう企画・運営を行う**ようにしました。

さらに、校内のみで実施した「学級パワーアップ研修（WEBQU×ABC分析）※」「個別最適な学び」「PBS」等の研修においても、「カタリバ（語り場）」を設定し、対話を重視した研修を継続的に行いました。特に「カタリバ」では、様々なキャリア段階やライフステージのある教員集団であることを踏まえ、対話を活性化するために毎回グルーピングやテーマを検討し、誰もがそれぞれの立場、視点から自由に意見を言えるように留意しました。

令和5年度12月に行った学校評価では、「研修を主体的に取り組んでいる」という項目に全教職員が肯定的に回答しています。教職員が校内研修を「自分事」として「主体的に」取り組むようになったのは、「脱・自前主義」「対話の研修スタイル」がその背景にあったと考えています。

※WEBQUの結果から学級の現状を把握し、その上で学級経営の課題をABC行動分析の考え方に基づいて改善を図っていく研修

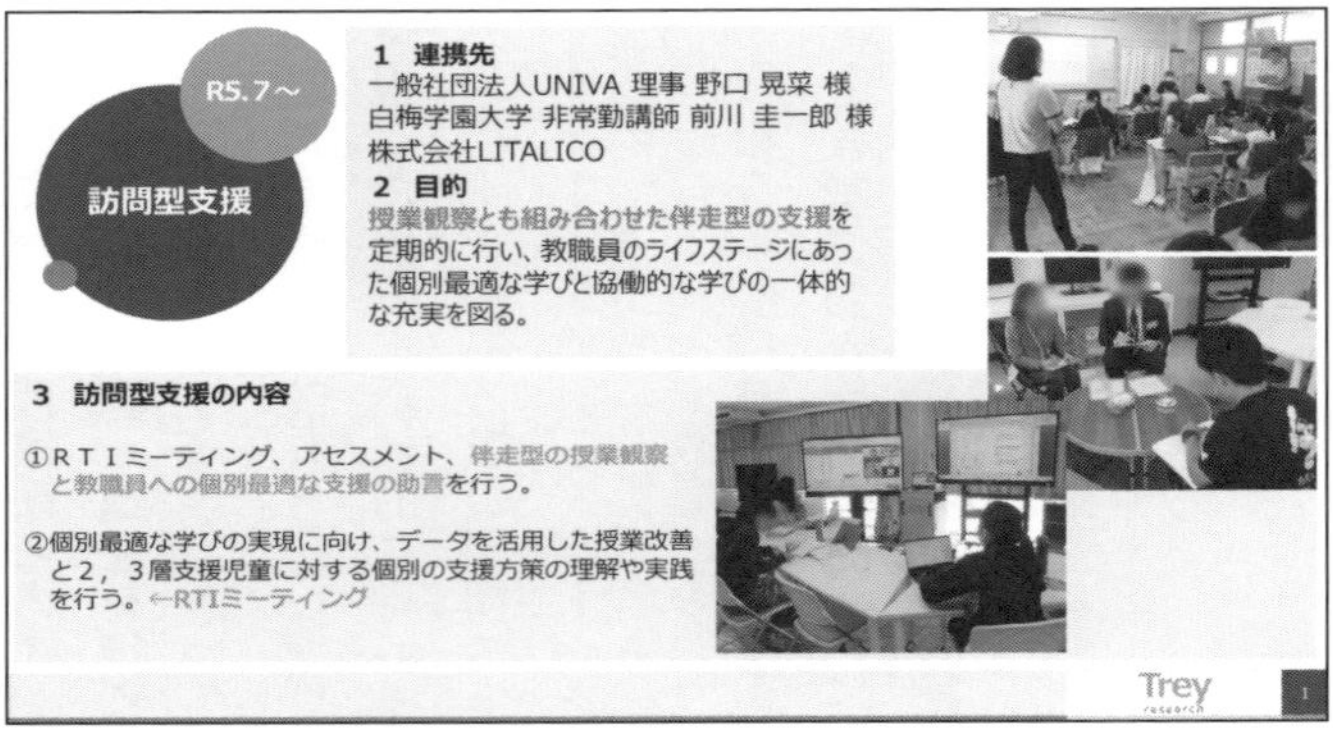

訪問型支援

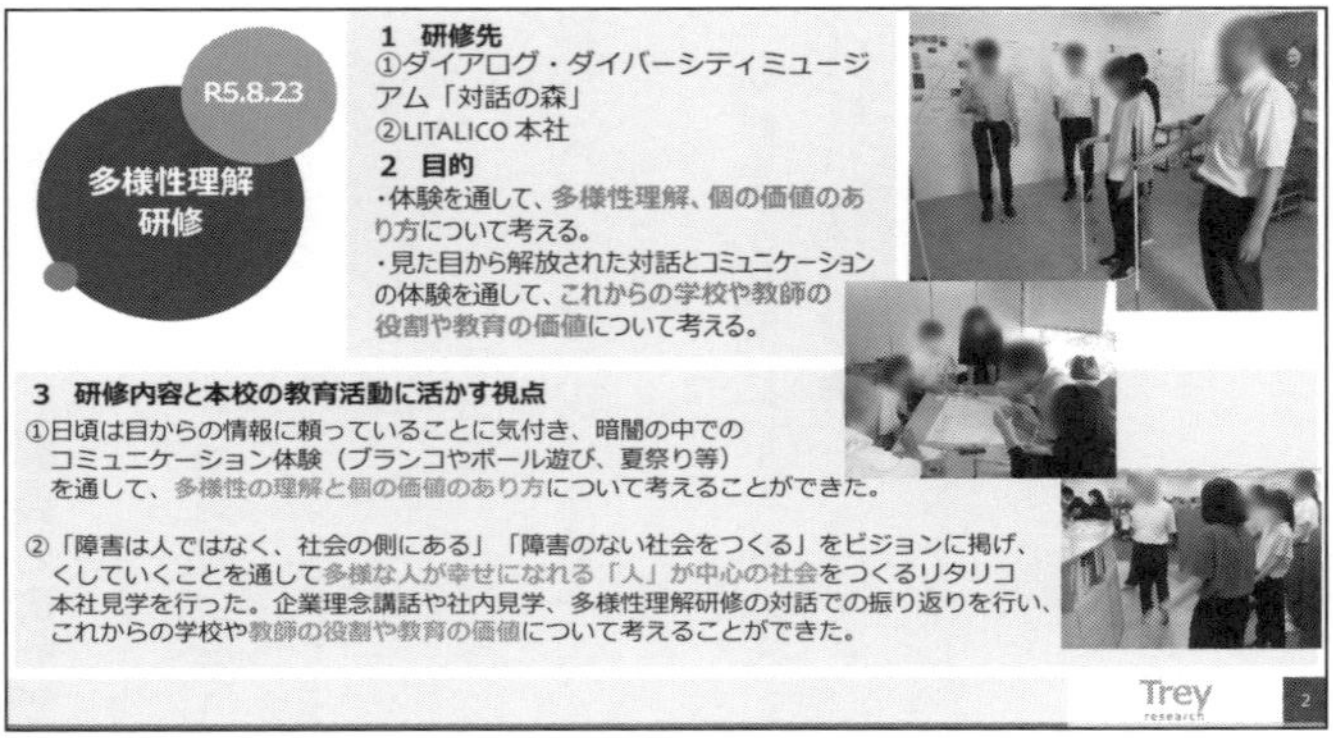

多様性理解・異業種視察研修

第４章

多層型支援のための校内支援体制

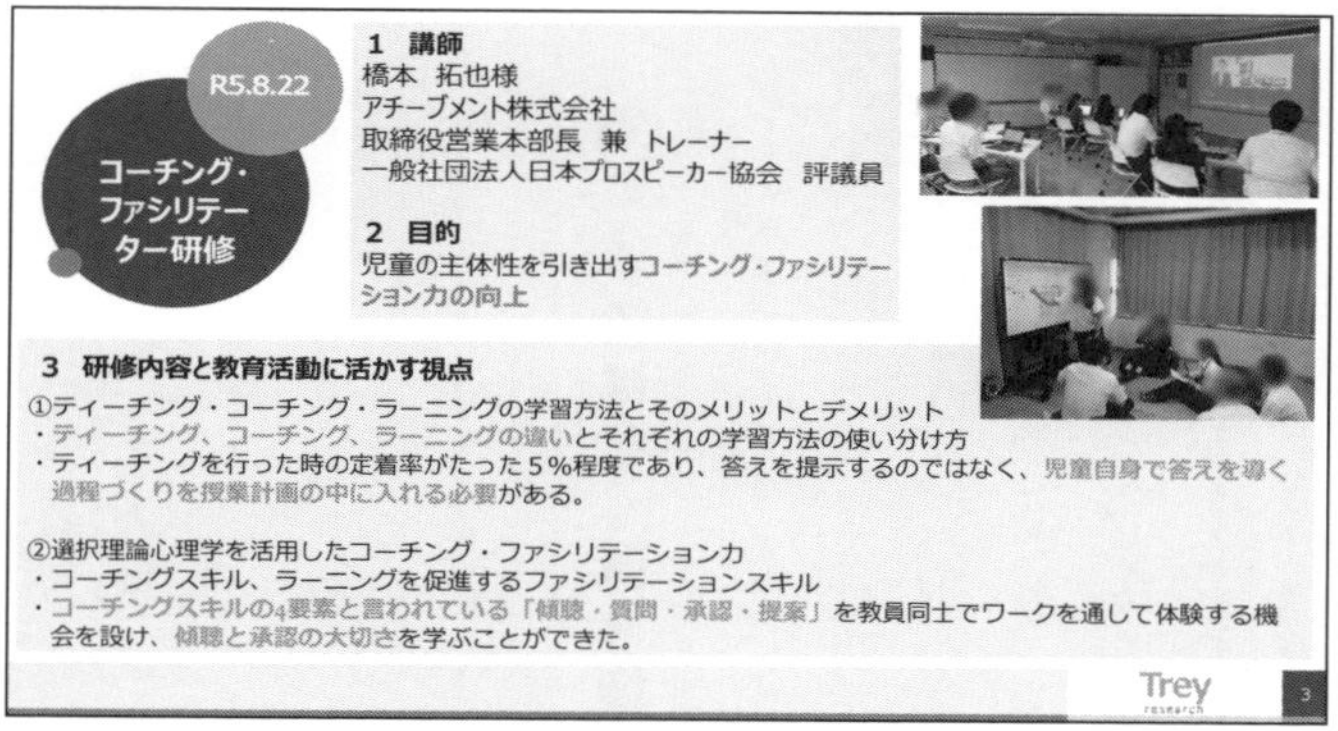

コーチング・ファシリテーター研修

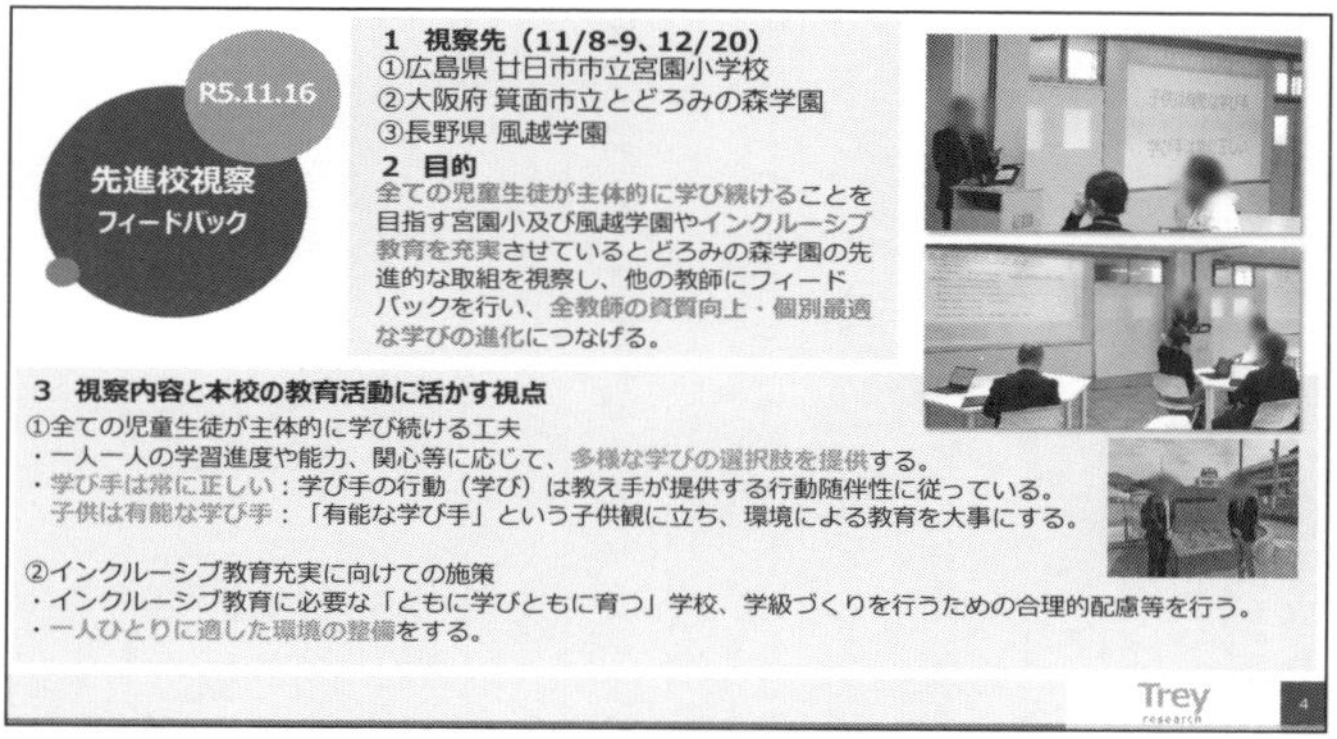

先進校視察フィードバック

多層型支援のための校内支援体制を構築する上でのポイント

野口晃菜

①＋αではなく置き換える・アップデートする

新しい取り組みをする際に出る質問が必ず「負担が増えるのではないか」です。私自身喜沢小学校の取り組みを他自治体で紹介をすると、必ずこの質問をもらいます。本章で明らかになったように、喜沢小学校は新たに何かを開始する際に、今ある業務に＋αをするのではなく、置き換えたり、もともとあるものをアップデートしたりする形で改革を進めています。従来あった様々な委員会などの校務分掌を、プロジェクト型に置き換えることで、業務効率が上がったとのことです。他の学校でもＰＢＳの導入については、まずはもともとやっていた生活目標の運用に置き換える形で実施している学校もあります。

②先生たちが多様性を生かせる体制

先生たちも当然多様なはずなのに、今の学校現場では、全員が一律同じ力を求められているのではないでしょうか。ＩＣＴ活用、特別支援教育、授業づくりなど…すべて完璧に1人ができるようになることは到底無理です。喜沢小学校の先生たちは、同じ目標に向かって、それぞれの強みや得意を生かしています。そして、その姿はとっても楽しそうなのです。喜沢小学校に行くと、「野口さん！　次はこういうの考えてみました！」と先生たちはいつも私にいろんなことをとても楽しそうに報告してくれます。まさに、プロジェクト型で先生たちがやりたいことを主体的に実践できる校内体制があったからこそ、このような姿がたくさん見られたのではないかと思います。

さらに、学校のみですべてを解決するのではなく、外部の専門機関を頼ったり、先生たちが外部に積極的に研修に行ったりすることなどを通して、まさに学校の中にどんどん多様性が生まれていくような、そんな仕掛けもたくさんありました。

おわりに

校長として

手塚　浩

「すべての児童が『学校生活が楽しい』『学びが楽しい』と言える学校」を目指して、4年間取り組んできましたが、理想とする最終的なゴールにたどり着けたわけではありません。さらに、この先も常に改善を続ける必要があると考えています。

全国の多くの小中学校では、児童生徒が何十人、何百人、多い学校では千人以上も在籍しています。通っている児童生徒は、得意なこと不得意なこと、やりたいことやりたくないこと、好きなこと嫌いなこと等々、一人ひとりが個性豊かで違いがあります。そうした多様な子供たちが集まって毎日一緒に生活しているのが学校です。価値観の多様性は学びの豊かさに繋がりますが、一方で、すべての児童生徒が生き生きと学び、成長できる学校づくりは容易ではありません。むしろ、「本校は児童生徒全員が毎日学校に楽しく通っています」と自信満々に言う校長や教職員がいたら「本当に?」とさえ思ってしまいます。

日々余裕のない教育活動に加えて、教職員数、予算などの限られたリソースの中で、「誰ひとり取り残されない教育」の実現は本当に難しいと思っています。「4年間取り組んできて実現できたのか?」と問われると、「できなかった」と答えることになると思います。そもそも現在の公立学校が置かれた環境の中で、学校の努力だけで実現できるとは思えません。他方で、学校でできることももっとあるのではないかと考え、全教職員で悩みながら、検討と実践を積み重ねてきた教育活動を本書にまとめました。

本書ではいくつかの取り組みを紹介させていただきましたが、1回目で思い通りの成果が得られたことはほとんどありません。計画を立て実践を進めると必ず課題が出てきて、その課題を解決するための改善策を考え、また実践に取り組んでみる、この繰り返しでした。試行錯誤しながら新たな取り組みに挑戦する教職員には、「必ずしも最初から上手くいくとは限らない。実践したからこそ課題が見えて改善もできる。一つひとつ改善を積み重ねていけば、着実に目指すゴールに近づいていくよ」と、いつも話していました。昔から「失敗は成功のもと」と言われますが、前向きに取り組んで失敗したことは成功に近づくことができると思っています。反対に何も挑戦しなければ失敗はしませんが、前に進むこともありません。喜沢小の一番の強みは、教職員が失敗を恐れず、上手くいかなくてもあきらめずに何度も挑戦を続けたところにあると思っています。

もう一つ、取り組みを進めていく上で大切にしてきたことがあります。それは教職員同士で教育観を共有し、同じ価値観で協働していくための話し合いです。毎年、年度当初の準備出勤日から、時間をかけてこれからの時代に求められる力や教育改革の動向、教育活動の具体的な改善などについて全員で熟議を行ってきました。その後も、校内研修や会議の時間には、可能な限り対話やグループワークを取り入れました。公立学校はどこも同じ状況だと思いますが、毎年人事異動があり、数年すると半数以上の教職員が入れ替わっていることも珍しくありません。教職員の異動があっても、学校として大切なことを継承していくには、教職員間の意思疎通や課題意識の共有が必要不可欠です。全教職員が同じ目標に向かって協働できてこそ新たな学校文化が創られていくと思っています。

目指すべき目標も、なるべく教職員がイメージしやすく、何か課題が出たり、取り組みに迷いが出たり、意見の相違があったりした際に立ち戻れる拠りどころとなるものにしたいと考えました。目指す学校像を「すべての児童が『学校生活が楽しい』『学びが楽しい』と言える学校」という平易で分かりやすいものにしたのも、そうした理由からです。スクールワイドＰＢＳや個別最適な学びを始め、様々な教育活動を進めていくにあたって、計画や実践の段階で迷ったり、活動を振り返ったりする際には、目指す学校像に合致しているかどうかを基準に話し合い、判断してきました。

さらに、4年の間には、先進的な素晴らしい取り組みを進められている学校が全国に数多くあることを知りました。ときにはそうした学校との合同研修会を開催させてもらったり、実際に視察に行かせてもらったりしました。他校の実践を学ばせてもらったことで、課題に感じていた教育活動の改善を加速させることができました。また、産官学との連携のメリットも伝えたいことです。教職員で学び合うことも大切ですが、外部の専門家と連携し、質の高い最新の知のリソースを取り入れることで教育活動を効率的かつ効果的にアップデートさせることができます。教育改革と働き方改革を同時に進めていくことが求められている学校現場にとって、今後は産官学との連携が一層重要になってくるはずです。

最後に、常に学校に寄り添い全面的に支援していただいた戸田市教育委員会、長年にわたってインクルーシブな学校づくりのために伴走支援・指導をしてくださり、本書の執筆についてもお声がけいただいた一般社団法人ＵＮＩＶＡ理事の野口晃菜氏を始め、東京学芸大学の前川圭一郎氏、広島県教育委員会の村田耕一氏、教育活動への手厚い御支援をいただいた専門家・企業・団体の皆さまには心より感謝申し上げます。そして、何より、誰ひとり取り残されないインクルーシブな学校づくりを目指し、共に歩んでくれた喜沢小学校の全教職員に、心から敬意と感謝の意を表します。

指導主事の立場から思うこと

学校と教育委員会の関係

藤本恵美

数年前、喜沢小にまだ介入する前のことですが、野口さんと話をしていて印象に残ったことがあります。それは、「我々は正解だと思われることを一方的に伝えるのではなく、エッセンスのみを伝えて具体的なことは先生方に考えてもらうことが大切」といった趣旨の言葉です。当時は「野口さんのような専門家の方にたくさんお話いただいた方が、学校にとってメリットなのでは？」と若干の疑問が残ったのですが、本書の喜沢小の取り組みを改めて読んで、こういうことだったのかと腑に落ちました。

本書を読んでいただいた方はおわかりになるかと思いますが、これまでの4年間、喜沢小の先生方は絶えず試行錯誤をされてきました。すでに先進的に実施されている都道府県や自治体、学校の取り組みも多く参考にされていましたが、喜沢小で現在実施していることは参考にしたもののどれとも異なっています。

先生方は日々学校で子供たちと関わっています。参考例や専門家の話をもとにして、自校の子供たちや職員室をイメージしながら、「自校で実施するならどういった内容に変えた方がいいか？」「もっとこうしたら良いのかも？」と、自分たちが実践するなら、に落とし込んで具体的に工夫を凝らしていったのです。一方的に専門家から「こうした方がいい」と言われていたとしたら、今の喜沢小のスタイルはできていなかったと思います。

教育委員会としての関わり方も同様です。喜沢小と関わる中で意識していたキーワードは、「伴走支援」です。冒頭、野口さんの説明の中で「インクルーシブ教育は教育の在り方そのものを改革し続けるプロセス」とありましたが、同じ市内でも学校の実態は本当に様々で、学校の課題や置かれている状況も様々です。そのような中で、ただトップダウンで強制的にインクルーシブ教育を進めようとしても、なかなかうまくいかないと思います。学校の思う課題や願いを大切にして、一緒に考えていく姿勢をもっている必要があると思うからこそ、「伴走支援」という言葉が適切なのではと考えています。

この文章を書いているつい先日も、喜沢小のサポートミーティングに同席してきました。今年度も人事異動で体制ががらっと変わったので、新しい先生にとってもサポートミーティングが有意義になるようにするには、と現在の校長である加藤先生と話をし、現状の取り組みを参観するためです。その際、加藤校長から「これまでの取り組みへの関わりは、市教委と学校がＷＩＮ‐ＷＩＮの関係になっている」との言葉をいただきました。学校にとっては、取り組みがうまくいかない時や困っている時に身近で相談ができること。市教委にとっては、良い取り組みを近くで見ることにより、市内に広げるきっかけになること。このように学校と市教委がお互いにとって良い関係性を築くことは取り組みを深めたり進化させたりするために必要なことなのでは、と実感しました。

「誰ひとり取り残されない学校づくり」がイノベーションにつながる

これも冒頭の野口さんのインクルーシブ教育の説明からですが、「インクルーシブ教育は障害のない子供と障害のある子供が同じ場で教育を受けることと解釈されることが多い」と記載がありました。実際に市内外含めて学校の先生方と話をしていてもそのように解釈されることが多いなと感じていました。特別支援教育とインクルーシブ教育が同義として扱われている場面も多々見てきました。

喜沢小の「すべての児童が『学校生活が楽しい』『学びが楽しい』と言える学校」を目指した取り組みは、まさにインクルーシブ教育のプロセスを体現したものであるとともに、先生方・子供たちの多様性を活かしてイノベーションを創出した取り組みであるともいえると思います。インクルーシブを障害の有無だけで捉えると、ややもすると「障害のある子に優しくする」といった認識で留まりがちです。喜沢小では「すべての児童」を対象としているからこそ、多様な人たちの多様な考えからイノベーションが生まれています。インクルージョンなくしてイノベーションは生まれません。多様な人が集まる公立小学校だからこその成果だと思います。

最後に、戸田市の教育にはこれまで産官学を含む多くの方々にご指導・ご助言をいただきました。これまで戸田市の教育に関わってくださった皆様、そして今も試行錯誤を続けていらっしゃる喜沢小を含む戸田市の先生方に、心から感謝申し上げます。

喜沢小学校に伴走をしてきて思うこと

野口晃菜・前川圭一郎

喜沢小学校に訪問をした後は、毎回興奮状態にあります。私は、実践の専門家ではありません。インクルーシブ教育や、スクールワイドPBSやRTIの理論は知っているけれど、それをどうしたら学校で実現できるのかは分からないのです。特にRTIについては、日本での先行事例はほぼない状況です。そんな中、「こういうやり方があるのですが…」と先生に説明をすると、喜沢小学校の先生たちは、即座に理論の活用の仕方を考え、実践に落とし込みます。さらに、それをどんどんブラッシュアップしていくのです。

誰ひとり取り残されない教育、と掲げるのは簡単ですが、そこに向かって歩み続けるのはとてつもなく長い道のりです。「少人数学級にしないと無理」と言われることも少なくありません。もちろん、国として、自治体として、変えるべきこともたくさんあります。一方で、今学校でできることもあります。喜沢小学校の先生たちは「そんなの無理だ」と最初から決めるのではなく、愚直に、そして楽しく、今できることを模索し、試行錯誤を繰り返してきました。違いを問題としてみるのではなく歓迎することや、できない個人を責めるのではなく、みんなが過ごしやすくなる環境をつくる、という文化は、喜沢小学校の子供たちに伝わっているように思います。これからもきっと喜沢小学校はどんどん進化されていくのでしょう。楽しみにしています。（野口）

「なんて素敵な学校なのか！」喜沢小学校に訪問した後に、いつもつぶやくひと言です。私が専門としている行動分析学の視点では、子供にできないことがあれば、それは先生の指導法がその個人に合わないためであり、個人に分かるような指導をする必要があると考えるのですが、現実にはコストが大きく難しいという声が上がることがあります。喜沢小では、毎回の会議において、一人ひとりにどのような対応ができるか検討し、その結果を学校全体で共有、改善していくという過程を大切にしているのですが、その背景には、先生同士が互いの良いところを笑顔で賞賛し支え合う文化があったのでした。こうした仕組みにより、個人では難しいことをチームで乗り越えていたのでした。なんと素晴らしい学校なのか、この本を手に取っていただいた皆さまは、このプロセスを感じられたのではないでしょうか。この素晴らしい実践が多くの人に広がっていきますように。（前川）

【参考文献一覧】

・野口晃菜・陶貴行　編著（２０２０）『発達障害のある子どもと周囲との関係性を支援する』（中央法規出版）

・奈須正裕　著（２０２１）『個別最適な学びと協働的な学び』（東洋館出版社）

・日本ポジティブ行動支援ネットワークＨＰ
https://pbsjapan.com/

・広島県教育委員会ＨＰ「全ての子供たちの『主体的な学び』の実現に向けて」
https://www.pref.hiroshima.lg.jp/site/kyouiku17/kobetu-teian.html

・徳島県立総合教育センターＨＰ「特別支援まなびの広場―ポジティブ行動支援」
https://manabinohiroba.tokushima-ec.ed.jp/3ccf8abe555bf918ea912652b4aaa547

・ＬＩＴＡＬＩＣＯジュニアＨＰ「ＬＤ（学習障害）とＲＴＩモデル」
https://junior.litalico.jp/about/hattatsu/news/detail/nursing-etc001/

・慶應義塾大学大学院システムデザイン・マネジメント研究科ヒューマンシステムデザイン研究室
ＨＰ　研究内容　https://lab.sdm.keio.ac.jp/maenolab/research.htm

【執筆者一覧】

野口　晃菜　一般社団法人ＵＮＩＶＡ理事

前川圭一郎　白梅学園大学非常勤講師

藤本　恵美　埼玉県戸田市教育委員会

埼玉県戸田市立喜沢小学校

手塚　　浩　戸田市立戸田第二小学校　校長（前戸田市立喜沢小学校　校長）

伊藤　裕二　戸田市立喜沢小学校　教頭

福田　裕美　戸田市立新曽北小学校　主幹教諭（前戸田市立喜沢小学校　主幹教諭）

岡田　悦子　戸田市立戸田東小学校　教諭（前戸田市立喜沢小学校　教諭）

中村　和絵　戸田市立喜沢小学校　教諭

山崎　　真　戸田市立喜沢小学校　教諭

横地　真央　戸田市立喜沢小学校　教諭

細田　祥代　戸田市立喜沢小学校　教諭

【編著者紹介】
野口　晃菜（のぐち　あきな）
博士（障害科学）/ 一般社団法人 UNIVA 理事。戸田市インクルーシブ教育戦略官。

前川　圭一郎（まえかわ　けいいちろう）
白梅学園大学非常勤講師 / 一般社団法人日本ポジティブ行動支援ネットワーク運営委員。

藤本　恵美（ふじもと　えみ）
埼玉県戸田市教育委員会教育政策室指導主事。

【著者紹介】
戸田市立喜沢小学校（とだしりつきざわしょうがっこう）

学校全体で挑む
「誰ひとり」取り残されない学校づくり
すべての子供のウェルビーイングを目指す

2024年12月初版第1刷刊 ©編著者 野口晃菜
2025年8月初版第2刷刊 前川圭一郎
藤本恵美
著者 戸田市立喜沢小学校
発行者 藤原光政
発行所 明治図書出版株式会社
http://www.meijitosho.co.jp
（企画）新井皓士（校正）井村佳歩
〒114-0023 東京都北区滝野川7-46-1
振替00160-5-151318 電話03(5907)6701
ご注文窓口 電話03(5907)6668
＊検印省略
組版所 株式会社アイデスク

Printed in Japan
ISBN978-4-18-352014-2